日本の遺跡22

大知波峠廃寺跡

後藤建一　著

同成社

真上から見た大知波峠廃寺全景

湖西連峰と大知波峠廃寺の位置

仏堂Ａ　隆盛期の10世紀後半に建立された

仏堂ＣⅠ　遺構中最大の建物跡

仏堂ＢⅠ　伽藍形成の嚆矢となった最古の建物跡

墨書土器　その多くは見込み部分（内側）に墨書されている

池跡（一次堰・護岸石組遺構）　池内とその周辺からは多量の墨書土器等が出土した

目　次

カバー写真　大知波峠廃寺跡全景
装丁　吉永聖児

大知波峠廃寺跡

Ⅰ　調査の経緯と経過

1　大知波《おおちば》峠廃寺のあらまし

大知波峠廃寺は、平安時代の山寺跡で、浜名湖北西部の山中にある。山は赤石山脈（南アルプス）より連なる山塊の南端に位置し、弓張山脈・八名《やな》山地・湖西《こさい》連峰とよばれている。山脈・連峰というものの、南へ四五〇メートルから三二〇メートルと標高を低くし、人里から隔絶した深山ではない。いわゆる「里山」である。

山々はかつて遠江国と三河国の国境であった。現在は静岡県と愛知県の県境となっている。廃寺は浜名湖西岸の静岡県湖西《こさい》市に所在し、湖西市大知波字南山一四五〇・一四五一番地にある。湖西市は人口四万五千人ほどで、東西五・八キロ、南北一〇・六キロと南北に細長く、西に愛知県豊橋市が接する。

大知波峠廃寺は、標高三四〇メートルの尾根近くにあって、東に開いた小さな谷のゆるやかな斜面地に展開している。北側と西側、そして南側の三方が尾根で囲まれ、ちょうど、腕を広げた懐に伽藍を形成した恰好となっている。冬の北西風を尾根

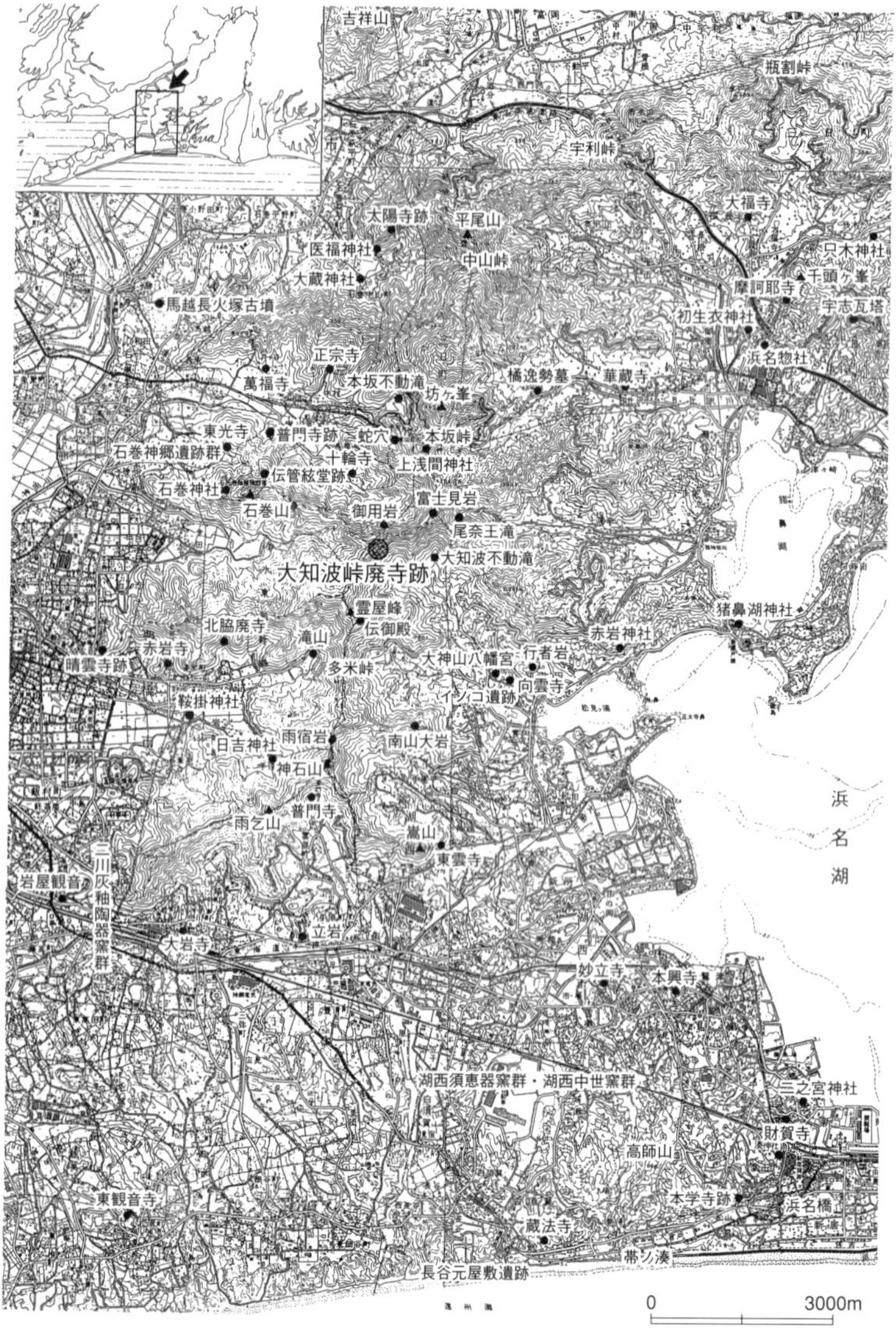

図１　大知波峠廃寺の位置とその周辺

が遮り、年二、三回ほど積もる雪も東斜面に注ぐ日差しで溶け、夏には東の谷から風が吹き込む。冬暖かく夏涼しい場所である。尾根には、十数メートルのチャートの巨岩が榜示のように露頭し、寺域の結界を成している。その寺域範囲はおおよそ三・七㌶で、寺域の外側は峻険な斜面となって麓にいたる。山頂からの見晴らしはすばらしく、冬の晴れた日は西に東三河一帯、東に遠江を一望でき、眼下に広がる浜名湖の舟影さえも見通せるほどである。南方で照り返る遠州灘の光も眩しい。

　大知波峠廃寺に関する古文書や言伝えは、麓の豊橋市嵩山《すせ》十輪寺に大知波峠より兵火を逃れて下ったとの伝承をもつ鎌倉時代の地蔵菩薩立像のほかは伝わっていない。跡地は礎石と石垣の一部が埋まり切らず露頭していたので、何かしらの建物があったことは山仕事に携る村人は知っていたが、それが寺跡であるとは思いもよらぬことであった。

　大知波峠廃寺が遺跡として公となったのは意外に遅く、一九八〇（昭和五五）年湖西市教育委員会発刊の湖西市文化財地名表からである。それ以前の文化庁や静岡県の遺跡地名表には記載されていない。一九八九（平成元）年度から一九九五（平成七）年度にかけて湖西市教育委員会が行った発掘調査によって、堂々たる平安時代の山中伽藍の全貌が明らかとなったのである。大知波峠廃寺の発見は、時を超えて山寺が現代に忽然と現れたかの印象を与えたようで、市民の好奇心や関心を大いによび起こすこととなった。

　伝承が皆無なため、大知波峠廃寺には言伝えられた寺院名がない。一九八九年度から行った確認発掘調査を契機に、奥多米《おくため》廃寺もしくは知波田《ちばた》廃寺と呼称していた遺跡名を「大知波《おおちば》峠廃寺跡」と改めた。廃寺付近の峠を愛知県側の旧長彦村では「大知波峠《おおちばとうげ》」、静岡県側の大知波では「長彦峠《ながひことうげ》」と山向こうの地名をして呼称していたが、当地が静岡県に属するため大知波の地名を用い、大知波峠にある廃寺跡ということで「大知波峠廃寺跡」と命名したのである。

大知波峠廃寺は遺構・遺物の保存状態が良好で、調査によって一二棟の礎石建物跡が発見された。瓦は一点も出土していないので桧皮葺であろう。伽藍は俗に言う七堂伽藍ではなく、仏堂と坊舎で構成され塔はない。

廃寺は大きく三つの建物群から成っている。まず、伽藍の中央にある小谷を堰き止めた上下二段の池跡を囲むように礎石建物を配置した中核の遺構群。そして、北側に取り付く礎石建物跡群と南側の支尾根の礎石建物群がある。中核の建物群と北側の建物は標高をおおむね同じとし、相互に目視できる位置にある。南側の建物群は尾根によって隔たりのぞむことはできない。

年代は出土した遺物から求められた。十世紀第2四半世紀から十一世紀前半に主要伽藍が整えられ、十一世紀末に廃絶する。焼失もしくは朽ち果てて廃絶した痕跡は確認されていないので、建物は解体され他に移されたのであろう。十二世紀後半には、新たな方三間堂の礎石建物が一棟建てられ、周囲の建物跡地で埋納や柴燈護摩《さいとうごま》を行うなど、行場として利用されている。そして、十五世紀後半の終焉をむかえ山林と化すのである。建物の造成整地土からは、平安時代に先行する八世紀後半の須恵器が出土しているので、当地の開始年代は奈良時代にさかのぼる。

建物跡は全般に、岩盤を切り盛り造成して、平坦面を設け建立している。礎石はおおむね方位に沿って据えられ、建物正面に石垣を巡らす建物もある。建物の規模は大小さまざまである。須弥壇をともなう仏堂は、外陣を床張りの孫庇あるいは広庇とし、須弥壇部位の内陣を土間構造としている。仏堂以外に住房や門と思われる建物も存在する。

伽藍の中央には、小谷を堰き止めた上下二段の池跡がある。池跡からは、土止めの杭列や湧水箇所を石で囲った遺構、据置水槽、閼伽井《あかい》など水に関連する遺構が多量の墨書土器や木製品とともに発見された。他の遺構としては、通路跡や土橋、埋納遺構、磐座遺構がある。

出土遺物は、須恵器《すえき》・灰釉陶器《かいゆうとうき》・墨書土器《ぼくしょどき》・緑釉陶器《りょくゆうとうき》・土師器《はじき》の土器類の他に、鉄釘・木製品がある。土器類には、花瓶・碗・鉢・香炉などの緑釉供養具および六器や多孔壺・瓶類の灰釉供養具、日常生活具の灰釉陶器の碗・皿、煮炊きに使った土師器鍋、文房具の陶硯・祭祀具の陶鈴などが出土している。灰釉陶器は、豊橋市二川灰釉陶器窯産と浜松市浜北宮口灰釉陶器窯産を大半とする。緑釉陶器も地元の豊橋市二川灰釉陶器窯産であることが判明している。

特筆すべきは、陶器に墨筆で文字を記した墨書土器が池跡周辺から数多く出土したことである。墨書土器は約四四五点ほど出土し「寺、万、祐、太、珎、十万、千万、有万、加寺、御佛供、施入、阿花」等々の文字が記されている。墨書土器の七割ほどは内面底部の見込みに墨書されており、この見込み墨書部位の比率は、国内各地の墨書土器にくらべ際立って高く、特色の一つとなっている。池跡からは、墨書土器だけでなく木製品も出土していて、刀・剣を模したものや弓、曲物の底板、砧などがある。

大知波峠廃寺は、八世紀後半から始まり、十世紀中頃に伽藍が整えられ十一世紀末に廃絶する。

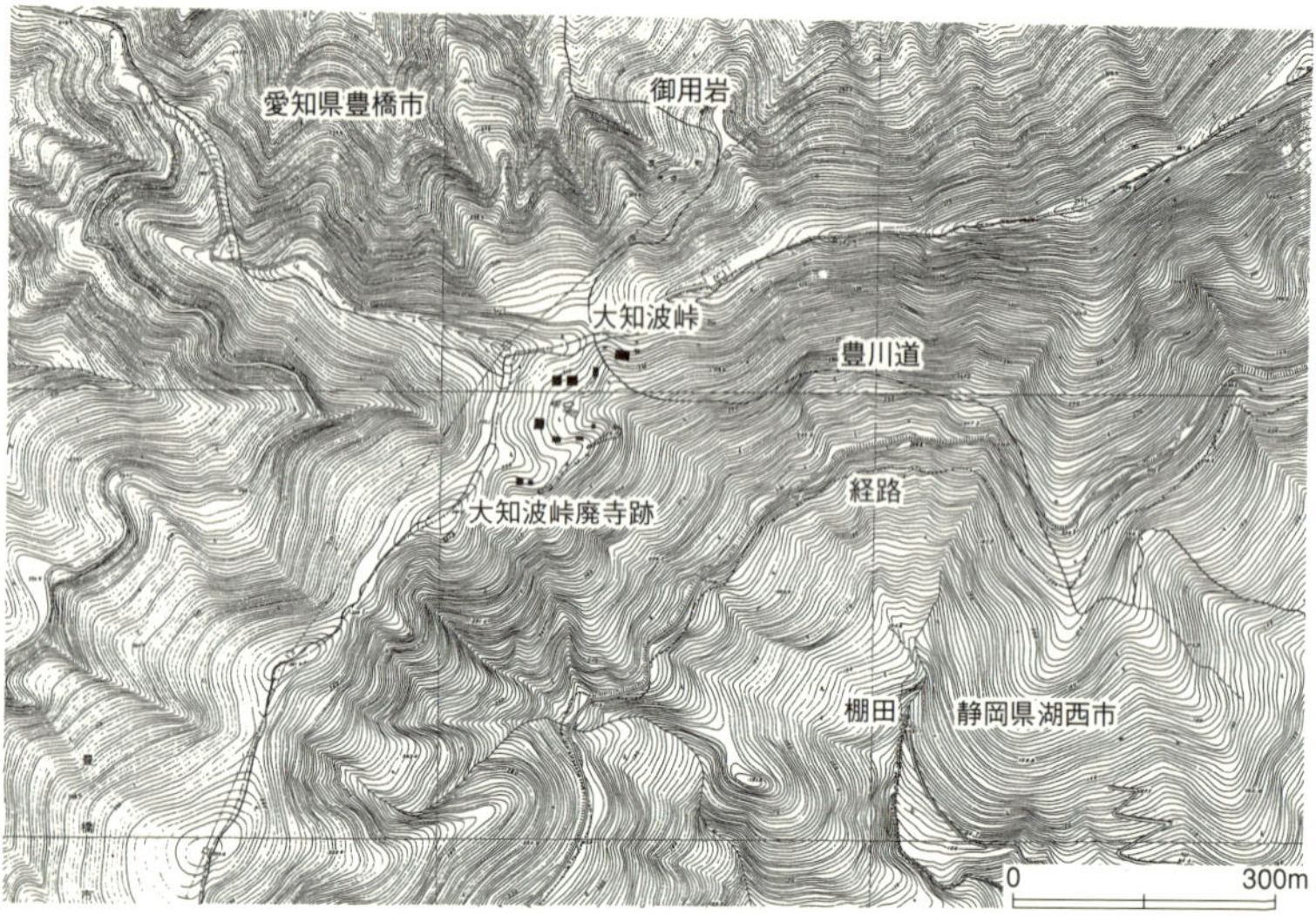

図2　大知波峠廃寺周辺の地形

その後、十二世紀後半から行場として十五世紀後半まで利用される。以後は山林として今日にいたるので、さしたる改変を受けておらず、遺構・遺物の保存状態が良好であった。このため伽藍全体や建築構造が細部にわたって判明する重要な平安時代の山寺というだけでなく、水や岩に関係した遺構や遺物の出土から、当時の信仰の一端をうかがい知ることのできる貴重な遺跡として、二〇〇一（平成十三）年一月二十九日に国の史跡に指定された。

2　調査にいたる経緯

大知波峠廃寺の境内には、「豊川道」あるいは「稲荷道」とよばれる里道が通っている。里道は静岡県湖西市の大知波から大知波峠廃寺の峠を越えて、愛知県豊橋市長彦に下り嵩山の姫街道に接続する。さらに姫街道を西進すると豊川稲荷にいたることから、このようによばれるのであろう。

湖西連峰の大半は、国有林として管理されている。山は木材利用だけでなく他の用途にも盛んに利用されてきた。豊川道沿いでは炭焼きをしたというし、山中には茅野の地名も残っていて、屋根材や燃料確保のため木々の採取や落ち葉掻きなど、村の生活に欠かせない里山であった。大知波峠廃寺の地はかねてより礎石や石垣の一部が埋まり切らず露頭していたから、豊川道を通る人びとだけでなく山中に分け入り山仕事に携わる人びとには、何かしらの建物があったことはわかっていた。しかし、寺跡や山城などの伝承は皆目なかったので、いつ頃に建てられ、いかなるものであったか知る由もなかったのである。

当地が寺院遺跡として認知されたのは、一九八〇年発刊の湖西市文化財地名表からである。一九七〇年代に地元民らが池跡周辺で多くの遺物を採取した。採取遺物の灰釉陶器碗・瓶類などから平安時代と時期が確認され、ともに採取された「寺」と書かれた墨書土器とその立地から山寺と把握されたのである。そして、露頭していた池跡とその周囲の石垣と礎石から、二ないしは三棟程度の建物が建つこじんまりとした山寺と想定された。

最初の調査は、一九八六（昭和六十一）年に行われた。池跡と両脇の礎石建物跡の現地確認を目的とした静岡県史関連によるものであった。かつての手入れの行き届いた山であれば伽藍の範囲を容易に掴めたであろうが、藪の中数メートル進むのにさえ手間取る荒れた山では、伽藍規模をとらえるのは困難であった。県史調査を契機に湖西市教育委員会は二回ほどの現地踏査を行い、池跡の北側で礎石建物を発見し、伽藍の広がりを確認。

さらに、一九八八（昭和六十三）年五月に廃寺の半分ほどの下草刈を行い、人工的な平坦面を数段確認した。小規模と考えられていた伽藍は、徐々にではあるが規模の大きいことがわかっていったのである。

この時期に前後して、一九八七（昭和六十二）年に湖西市西部公民館の歴史愛好グループ西部ふるさと学級が、大知波から尾根を越えて豊川稲荷に詣でる「豊川道」の踏査を行っていた。踏査は伝承から現在過去の史跡を尋ね歩き、かつ看板の設置を行うものであったが、豊川道が廃寺を抜け尾根を越えることから廃寺の存在を知ることとなった。学級員は廃寺の手掛かりを求め、聞き取り調査や周辺の寺院などを訪れた。調査によって得られたのは、豊橋市嵩山の十輪寺に大知波峠より兵火を逃れて下ったとの伝承をもつ鎌倉時代の地蔵菩薩立像だけで、大知波峠廃寺に関する古文書や伝承は皆目収集できなかった。

一九八八年から一九八九年にかけて、大知波峠廃寺を取り巻く状況に変化が生じてくる。一九八八年秋頃、廃寺の隣接尾根に携帯電話の豊橋中継ステーションが建てられたことに端を発する。施設はその後の二〇〇四（平成十六）年に役割を終え撤去されることになるのだが、大知波峠廃寺の地は国有林で静岡県立自然公園内でもあることから、開発を容易に行える場所ではない。しかし、愛知県側には民有林が点在していて、中継ステーションは民有地に建てられたのである。これまでの峠にいたる愛知県側の細々とした山道から、砂利を敷いた作業用の車道を敷いたことで、人びとを容易に山頂へと導き入れることが可能となった。静岡県側でも三ヶ日に抜ける林道建設が中腹で進められ、湖西連峰の尾根には送電鉄塔の管理用山道が連なり、それらを継ぐように湖西連峰ハイキングコースあるいは豊橋自然歩道が尾根を縦走している。行楽の季節ともなればハイカーで賑わう登山道と交叉する峠に大知波峠廃寺が位置するるので、人の出入りの多くなることが予想され、保存状態の悪化が懸念されるようになった。

このため、湖西市教育委員会は廃寺の保護保存を行うべく、一九八九年より国庫補助を受け現況把握を行うこととなった。これを後押ししたのが、皮肉にも豊橋中継ステーションの管理用車道であった。それまでは麓から徒歩で豊川道を一時間ほどかけて登らなければならなかったが、愛知県側に迂回しつつも車で廃寺に直接乗り入れられるようになり、調査作業を容易としたのである。加えて、愛知県へ迂回する際に通過する多米峠の有料道路が、一九八九年から無料化したことも追い風となった。

しかしながら、ただちに大知波峠廃寺の保護が行政上の課題として俎板に乗ったわけではない。一九八八年頃はバブル経済による開発がつづいていた時期であった。湖西市もその例にもれず、遺跡の記録保存のための調査が目白押しであった。その渦中にあって、開発の対象とならない山中の遺跡を調査する必要があるのかと、国庫補助金の申請にあたって詳しい説明を県から求められた。

大知波峠廃寺の保護の必要性について大きく二つほどの理由を挙げた。まずは、山間部では木材の搬出を容易にするため、林道の建設が驚くほどの早さで進行していること。林道は網の目のように張り巡らされていて、それによって密かに虫食い状にミニ開発が行われていたのである。廃棄物の不法投棄もその延長にある。したがって、大知波峠廃寺の地も含め山間の遺跡も決して開発から無縁ではなかったのである。二として、市民の史跡に対する意識の向上をはかること。当時の国内の情勢は開発にともなう調査が優先される傾向にあり、国史跡ほどの遺跡でなければ保存し保護することはなかった。それは開発によって明らかとなることが多かったから、保存にあたり関係機関や利害関係者の調整に膨大な労力を費やしたのである。

湖西市には国内屈指の湖西窯跡群が所在しているが、開発にともなう調査が大半でその保存が課題となっていた。開発のための調査から保存のためへの調査へと舵を大きく切りかえる必要があったのである。しかし、湖西窯跡群が巨大なだけに湖西市のいたるところに窯跡があって、また生産遺跡の窯跡は地味で市民の関心をひく華やかな遺跡ではないためか、保存の論議はかき消されがちであった。行政上の保存とは史跡指定という措置がともなうことなので、ただ単に保存というだけでは利害関係の当事者である市民の支持を得にくい現状があったのである。大知波峠廃寺の所在する地は山間の国有地であったから、保存へシフトする牽引力として大知波峠廃寺に着目したのである。

とはいっても、そもそも伝承もなく内容そのものが不明な大知波峠廃寺を把握するために調査を行うものであったから、保存に値する遺跡なのか判然としない。参考とすべき山寺の発掘調査事例も当時国内では少なかった。踏査や草刈りから伽藍の構えがおぼろげながらわかりかけていたことと、わずかな採取遺物を判断材料とするだけであった。少ない材料をして調査に踏み切ったのは、大知波峠廃寺は湖西市にとって貴重な遺跡と判断した湖西市教育委員会と、開発のための調査から保存し保護するための調査への転換を支持した当時の静岡県教育委員会の決断であった。

3　調査の経過

とにもかくにも大知波峠廃寺の調査は、一九八九年度から湖西市教員委員会によって開始された。大知波峠廃寺の確認調査は、開発にともなう調査の合間を縫って行われたため、年間の調査期間がさして割けられたわけでもなく、足掛け八年に及ぶことになった。さらに、確認調査終了後には、大知波峠廃寺成立の背景を明らかとするために湖西連峰の信仰遺跡分布調査が行われたのである。

一九八九年度の最初の調査は、一九八九年一月から三月に実施された。下草刈りを行い、基準点の設置とともに百分の一と五百分の一の地形測量図を作成することから始まったのである。同時に周囲の踏査を行った。現況で建物のありそうな平場についてはＡ・Ｂ・Ｃ……とアルファベットを付け、単なる平場は１・２……とアラビア数字を付けた。周囲を取り囲む巨岩には時計まわりに盤石Ⅰ・盤石Ⅱ……とした。鉄棒による平場の礎石探査を行った結果、Ａ・Ｂ・Ｃの礎石建物跡の存在とＡ・Ｃに石垣がともなうこと、Ｂには二棟が並ぶことを確認した。二棟のＢについては、礎石の露頭した東側の礎石建物跡をＢⅠ、西側をＢⅡと名づけた。他に人為的な平坦面を七カ所確認した。

一九九〇年度の調査は、一九九〇年十月末から十一月の一カ月行われた。調査は二棟並んでいるＢのうち、礎石の露頭した東側の礎石建物跡ＢⅠを対象とした。礎石配置を確認するためにＢⅠ建物の全域を掘り下げ、敷地の範囲についてはトレンチを配する方法で三二〇平方メートルを調査した。礎石建物跡ＢⅠは須弥壇をともない仏堂と判断され、十世紀と十二世紀の二期にわたる所産であることがわかった。埋まりきらずに露頭していたのは十二世紀代の礎石建物であった。建物範囲確認トレンチからは、思いもかけない石垣の検出がなされ、A・Cとともに礎石建物跡BⅠは石垣のともなう建物であることが確認された。周辺の踏査からは、寺域南側の小支尾根の南斜面で新たに礎石建物跡Dが発見された。

一九九一年度の調査は、一九九一年七月中旬から十一月いっぱいまで礎石建物跡BⅠの完掘と池跡の一部、三三〇平方《メートル》を調査した。礎石建物跡BⅠの調査は、石垣を覆っていた土砂の除去がおもな作業で、覆土から埋納された緑釉鉢一点と緑釉碗二点、灰釉長頸瓶一点が一括出土し、石垣覆土最下層から多量の灰釉陶器と墨書土器が出土した。石垣は中央に一〇段ほどの石段の階段を付設しており、後の精査から、石垣は自然に埋まったのではなく人為的に埋められたことが判明した。礎石建物跡BⅠから池跡に配したトレンチでは、池跡から石垣護岸とともに堰遺構が検出され、多量の墨書土器が出土した。

一九九二年度の調査は、一九九二年六月から一九九三年二月まで礎石建物跡BⅡと池跡、平場のトレンチ調査を行った。調査面積は七六四平方《メートル》である。礎石建物跡BⅡでは須弥壇全体が良好に検出されたので、仏堂であることがわかった。整地土の断ち割りトレンチの土層堆積からは、礎石建物跡BⅠに次いでBⅡが建てられた新旧関係が明らかとなった。池跡のトレンチでは堰遺構の全貌を明らかとし、州浜から湧水石組遺構が検出され、木製品の出土もあった。平場のトレンチ調査からは、新たな下段池跡の堰遺構や通路跡の他に、礎石建物跡Eと建物跡Fを検出した。そして、一九九〇年度に二棟が発見された礎石建物跡

DのDⅠ・DⅡと傍示岩の盤石Ⅷを含めた平場11の地形測量、寺域の境界測量を行った。

一九九三年度の調査は、一九九三年九月から一九九四年一月まで礎石建物跡A・E・DⅠ・DⅡ・平場2・平場11で行い、寺域をほぼ確定した。調査面積は一六五七平方<ruby>メートル</ruby>である。須弥壇のある仏堂Aでは二重の石垣や廃絶後の使用などが確認され、須弥壇のない礎石建物跡Eは仏堂以外の住坊が想定された。礎石建物跡Dでは、須弥壇のともなう仏堂DⅡと住坊のDⅠが並列し、隣接して段状遺構を検出した。寺院より離れた盤石Ⅷの平場11からは、建物などの遺構は確認されなかったものの、寺院存続期間の灰釉陶器破片が出土している。盤石Ⅷとの関連によって遺された遺物なのであろう。

一九九四年度の調査は、一九九四年六月から一九九五年一月まで礎石建物跡Cを主に九五五平方<ruby>メートル</ruby>を調査した。礎石建物跡Cの露出していた三つの礎石が、一<ruby>メートル</ruby>四方と他の礎石建物跡より一まわり大きな礎石を使っていること、同時に確認されていた石垣の範囲やそれにともなう平坦面も狭いことなどから、塔跡ではないかと思われていた。しかし、実際には須弥壇を設けた仏堂が検出された。狭いと見られていた平坦面は、廃絶後に南東側がいちじるしく崩壊していたためで、石垣の東半分が失われていた。建物跡は西側でもう一軒発見され、一間四方の礎石が確認されている。調査は、寺域の榜示とみなせる東隅に位置する盤石Ⅱの周辺も行ったが、灰釉陶器破片が数点出土しただけであった。経塚の疑いのあった石組遺構aは、溝と巨岩二個が検出されただけで遺物は出土しなかった。単に岩が崩れたもので遺構ではなかった。

一九九五年度の調査は、一九九五年十二月から一九九六年三月まで上段池跡の補足と礎石建物跡Fと礎石建物跡G、礎石建物跡H、盤石Ⅲと№10の確認を行い五六〇平方メートルを調査した。上段池跡では、西側の奥から北側へ拡張を行い、州浜から閼伽井や水槽などの木製品が出土し、二次堰遺構もあわせて調査した。礎石建物跡Fと礎石建物跡Gの平面調査によって、Fは厨でGは門といった仏堂以外の関連施設であることが判明し、土橋の通路跡も確認された。礎石建物跡Hはトレンチによる確認が行われ、礎石建物跡Cとの関連が考えられた。盤石Ⅲでは、人為的に穿たれた孔や割れ岩箇所を確認している。緩斜面の№10箇所ではトレンチによる確認を行ったが遺構の検出はなかった。

　以上のように、一九八九年度から一九九五年度に湖西市教育委員会が行った確認発掘調査によって、標高三四〇メートルの尾根近く三・七ヘクタールの範囲に礎石建物跡一二棟と二カ所の池跡が展開する平安時代の山中伽藍の存在が、調査年次ごとしだいに明らかとなっていった。各年度ごとに概報を刊行し、一九九六年度にこれらをまとめた調査報告書を発刊して一応の調査を終えたのである。

　さて、大知波峠廃寺の堂々たる伽藍が理由もなく突如として山中に成立するはずもないので、湖西市教育委員会では発掘調査と並行して、長年周辺山中の信仰関連遺跡の踏査や聞取り調査、伝承・文献調査を断続的に行ってきた。しかし、今日、山間地の信仰はわずかに伝えられているだけで、その大半が一般には忘れ去られている。身近な「里山」の湖西連峰が、かつては信仰の山々であったという認識は、市民にあってきわめて希薄なのである。伝承や文献などに表れない大知波峠廃寺の存在は、謎めいた孤高の山寺として関心を寄せるものの、市民にとって唐突な感が否めない。その一方で、近年の中高年ハイカーによる湖西連峰への関心の高まりに加え、各地区の踏査や聞取り調査の際に接した山林や山道を守る中高年の方々の姿がある。

湖西市教育委員会では、山林資源や健康・行楽だけの里山から一歩進めて、数多くの信仰対象地を有する湖西連峰を背景に大知波峠廃寺が成立したという周知こそが、迂遠のようであるが、大知波峠廃寺を探るだけでなく保護保存の観点からも必要不可欠と考えた。このため、大知波峠廃寺調査の後続事業として、湖西連峰の信仰遺跡の実態を確認すべく三ヵ年の分布調査事業が計画され、一九九八（平成十）年度・二〇〇〇（平成十二）年度、二〇〇一（平成十三）年度に山中の現地踏査が実施されたのである。

湖西連峰の信仰遺跡詳細分布調査は、現地踏査だけでなく信仰対象の巨石や湧水地、霊山の測量と見取図も作成した。その結果、大知波峠廃寺そのものを物語る伝承や古文書は皆無であったが、湖西連峰の山中にはかつて数多くの信仰対象地があり、古代から連綿とつづく山間信仰を背景に大知波峠廃寺が成立したことが確認されたのである。

4　調査の手法

大知波峠廃寺の調査過程で知り得たのは、山中では土の堆積が少ないため人為的な痕跡が残りやすいことである。このため現況地形の把握によって遺跡の概略を事前にとらえることが可能である。その際に測量を行うことはむろんのことであるが、建物跡は平場として広い範囲に点在するので、城郭の縄張り図の作成要領を援用して平場検出を行うのが有効である。

発掘調査時に注意することとして、堆積土が薄いとはいえ意外に排出量が多く、後の調査箇所や保存を考慮した置場を考えておく必要がある。そして、長期に及ぶ調査や遺構保存においては、木の根の影響を極力押さえ込むことが肝要である。調査の要である測量杭設置にあたっては、木の根を考慮した林野庁の測量杭設置基準を参考とするのも一案である。安全性の面では、倒木もそうだが地蜂やスズメバチにずいぶんと悩まされた。

さて、大知波峠廃寺の調査手順は、地形測量の後にただちに礎石建物跡ＢＩの発掘を手がけた。通常、まずは遺跡の範囲確認を行うことから始め、遺構調査はその後とすべきであろうが、大知波峠廃寺の調査では範囲確認と遺構確認を平行して進め、伽藍範囲については五次調査でおおむねが確定した。このような手順としたのには、大知波峠廃寺の存在が市民にとってまったく聞いたこともなく唐突に出現した印象の山寺なので、一棟でもまずはその全貌を明らかとし、市民の理解を得て、さらに調査の継続とともに保存への支持を得ることに腐心したためである。

大知波峠廃寺の年代を求めるにあたっては、伝承や古文書が皆無なため、勢い出土遺物の年代から導き出さざるを得ない。発掘調査では、遺物の出土位置を明らかとし、遺物の所属遺構を特定していった。幸いにして、考古学では出土遺物の灰釉陶器の年代が判明しているので、その成果を援用した。

さて、一九九〇年度に実施した発掘によって、十世紀後半の正面一二《メートル》、側面一〇《メートル》ほどの礎石建物跡ＢＩが検出された。基壇の石垣が前方に大規模に巡り、遺物も多量の灰釉陶器や墨書土器、鉄釘や鎹《かすがい》が出土するなど、予想を上回る成果を上げたのである。この調査結果を踏まえ、湖西市教

図3　おちばの里親水公園

育委員会は静岡県教育委員会と協議を行い、一九九一年度から調査委員会を設け確認調査の継続を図った。一九九二年度には新たな委員を加え一九九六年度まで指導と助言を頂いた。

なお、調査成果の公開のため、シンポジウムや講座・見学会など普及・啓蒙活動を実施した。一九九四年から開始された「おちばの里とうげ祭り」は、大知波峠廃寺までハイキングする内容で、二〇〇六年度に一二回目を迎える息の長い行事となっている。また、二〇〇三・二〇〇四年度には、国の農村振興総合整備事業により「おちばの里親水公園」が（図3）ふもとに整備された。ハイキングコースの案内説明板が設置されており、大知波峠廃寺や湖西連峰への入り口となっている。

Ⅱ　取り巻く環境と山中の道

1　自然環境

　大知波峠廃寺の位置する浜名湖沿岸地域は、年平均気温が一六・四度ほどと温暖である。浜名湖と遠州灘に囲まれているため、湖面や海面と陸地との気温差が少ない。冬には日本海から鈴鹿山脈を越えた季節風、いわゆる「遠州の空っ風」の強風が伊勢湾から遠州灘沖にかけて吹き込む。これが湖西連峰を山越えし、浜名湖上に北西または西北西の強風となって吹き降ろす。このため、温暖な地域ではあるが、夏の暑さと冬の風ゆえ体感上寒暖の差が大きいと感じる。静岡県は雨の多い県であるが、雨の多い六月で浜名湖奥は二七九ミリ、沿岸部で二五六ミリ、山間部で三七八ミリと山間部に多く雨が降る。強雨も山間部に多く、浜名湖沿岸は湖により積乱雲が停滞しにくいため強雨が少ない。

　浜名湖西岸地域の地形は、北部に赤石山脈南端の湖西連峰（弓張山脈）の山塊、南部には渥美半島へとつづく天伯原《てんぱくばら》台地が広がる。台地は第四紀洪積世の高位段丘礫質堆積物を基礎とし、更新世以来の後背地の隆起によって成立している。北に向かってしだいに低くなる逆傾斜の台地地形のため、三河湾と浜名湖それぞれに注ぐ大小河川によって台地は東西北方向に侵食され、河川ごと湖岸周辺に沖積平野を形成している。太平洋に面する台地の南端は、遠州灘に洗われ渥美半島まで海食崖となってつづく。

湖西連峰は老年期地形で、主尾根は南にむかって標高四五〇メートルから三二〇メートルと徐々に低くなる。東西方向へと支尾根が延びるので、背骨と肋骨の呈をなしている。地質は中央構造線の外帯に属する秩父古生層からなる。多い方からチャート・頁岩・砂岩・輝緑凝灰岩・石灰岩などで構成され、この構造線は渥美半島を貫き、紀伊半島へとつづいている。湖西連峰の山中には、幅九〇メートル・高さ四〇メートルもの石灰岩の一枚岩が慄然と聳える円錐形の石巻山に代表されるように、チャートの巨岩がここかしこの尾根に露頭し異様な光景を刻印する(図43参照)。巨岩は名をもち、大知波峠廃寺北側斜面にある巨岩は「御用岩」とよばれている。ちなみに「御用岩」の名前は、山伏が村人に用事のあるときに岩に立ち「御用、御用」とよんだことに由来するという。大知波峠廃寺にもチャートが林立し、礎石と石垣に利用されている。

湖西連峰は巨岩が累々としているだけではなく、水の豊富な山でもある。かつて山から流れ出る鉄砲水の被害に愛知県側では苦しんだという。今日では砂防工事も進んでいる。落差数メートルの小滝のある谷川が随所に所在し、不動尊を祀る滝が多い。大知波峠廃寺の近くにも落差五メートルほどの大知波不動滝があり、近年の渇水年に雨乞い神事を行っている。

水量が多いので、東北東から西南西へ走向する石灰岩の堆積層に沿って鍾乳洞が形成されていて、三ヶ日原人や牛川原人、浜北原人が発見されている。本坂峠付近には、蛇穴とよばれる鍾乳洞があり、縄文早期の岩陰住居遺跡として国史跡となっている。石灰岩の石巻山頂には、岩の割れ目などに石灰岩特有の貴重な植物が生え、国指定天然記念物となっている。連峰の山裾には湿原が形成され、南部には豊橋市指定の葦毛湿原があり、小さいながらも「東海の尾瀬」として季節を通じ来訪者が絶えない。湖西市にもかつて梅田湿原があったが市街化のため消滅した。

その他に、毎年九月中旬から十月中旬になると、五千から八千羽のサシバという体長五〇センチのワシタカ科の鳥と数万羽の渡り鳥が静岡県側の山脈沿いを通過する。サシバは、強い上昇気流に乗り円を描きながら上昇し遠方に渡っていくので、数十羽や数百羽ともなると「タカ柱」とよばれる現象が観察される。この時期、渥美半島の伊良湖岬には各地から二万羽ものサシバが集結し、巨大なタカ柱を描いて東南アジアの南方に渡っていく。大知波周辺の谷も伊良湖岬へと向かう中継地の一つのようで、ときおりタカ柱が見られるという。サシバは、各地の里山に生息し昆虫や小鳥を餌とする猛禽類であるが、里山の減少とともにその数が減っているという。かつては衆目を集める自然現象であったろう。

2　歴史環境

湖西連峰（弓張山脈）は、静岡県と愛知県の県境であるが、古代においても遠江国と三河国の国境であった。古代の行政区画では湖西連峰は三郡にまたがっていて、山塊東側は遠江国浜名郡であるが、隣り合う西側の南半分が三河国渥美郡、北半分が三河国八名郡に属する。遠江国浜名郡は、現在の静岡県浜名湖西岸域の浜名郡新居町・湖西市・引佐郡三ヶ日町（合併により浜松市）がこれにあたる。三河国は、南の渥美郡が豊橋市南部から渥美半島の田原市にかけて、北の八名郡には豊橋市北部・新城市・南設楽郡鳳来町南部がこれに属していた。

遠江国浜名郡と三河国渥美郡・八名郡の三郡には、古代以来の主要交通路の東海道が通っている。奈良時代の東海道は浜名郡南部から渥美郡北部にかけての浜名湖南路を、平安時代には浜名郡北部から八名郡南部にかけての浜名湖北路を通過していた。浜名湖で分けられた東海道南路北路のいずれもが遠江国浜名郡を経由し、三河国の渥美郡と八名郡へとそれぞれ通過していったのである。江戸時代には南路を東海道、北路を脇街道の本坂道として整備された。

これら交通路に沿って三郡の古代と中世の寺院・神社を概観していく。あわせて湖西連峰に残された伝承などを記し、大知波峠廃寺を取り巻く状況を浮き彫りにする（図1参照）。

浜名湖南路（東海道）

太平洋に面する浜名湖南岸には、新居町から湖西市にかけて東西に貫く東海道が整備された。江戸時代の東海道は、天伯原台地の丘陵に沿って海浜を進み、途中から七〇メートルほど比高差のある汐見坂を登るが、応仁の乱以前の東海道は丘陵東端の新居町橋本から丘陵地を横断していたという。

現在の浜名湖は太平洋に直接面しているが、それは明応年間の大地震により外海と繋がったからで、古代の浜名湖は浜名川が外海へと注いでいた。東海道は浜名川に架かる名所として歌われた浜名橋を渡る。橋の西側たもとには、『吾妻鏡』建久元（一一九〇）年に源頼朝が始めて上洛するおりに泊まると記された橋本宿が形成されていた。そして、浜名川の河口には港湾施設の帯ノ湊があって、現在橋本の地にある式内社角避比古神社に比定される湊神社が鎮座していた。

平安時代末期に交通の要所として栄えた橋本宿には、女長者妙相の発願の寺とされ高野山より毘沙門天王を勧進して建てられた本学寺、通称「紅葉寺」が所在していた。妙相は、橋本に近接する真言宗の財賀寺に毘沙門天像一体を一二七〇（文永七）年に寄進しており、三ヶ日の古義真言宗大福寺にも普賢十羅刹女像図と歓喜天像を寄進していて、橋本宿での繁栄ぶりをうかがい知ることができる。財賀寺の建立年代は明らかでないが、聖武天皇の代に行基により創建されたと伝える。寛治年間（一〇八七～九三）に記録が焼失したが、少なくとも平安時代末まではたどれるようである。財賀寺近くには、式内社大神神社に比定され大己貴命を祀る二宮神社が鎮座している。

東海道は橋本から天伯原台地を西進するが、丘陵地には五世紀後半から九世紀代前半に須恵器を生産した大規模な湖西古窯跡群が形成されていた。七世紀から八世紀前半にかけて、製品を東日本の太平洋沿岸諸国に搬出する巨大な窯業地であったが、九世紀から十一世紀は場所をかえて隣接する豊橋市二川の地に引き継がれ、二川《ふたがわ》灰釉陶器窯群として稼働する。十二世紀から十三世紀代には、渥美半島の渥美中世窯とともにふたたび湖西にて窯業生産が始まる。一〇キロ範囲の丘陵地は、古代から中世まで連綿とつづく窯業地帯であった。

そして、丘陵地には浜名湖西岸の名刹法華宗別院本興寺がある。一三八三（永徳三）年に改宗する以前は真言宗で、後述の普門寺末寺であったという。名刹として数々の文化財を所蔵する。一三八六（至徳三）年には日蓮宗妙立寺が創建される。施入者を不明とするが一一三八（保延四）年の「中尊寺経」を納めている。

丘陵地を過ぎた東海道は、湖西連峰南端裾に位置し近世には宿として栄えた豊橋市二川にいたる。二川にある曹洞宗大岩寺は、もともとは西に派生する湖西連峰尾根の最西端、岩屋観音を祀る岩屋の山麓にあって、岩屋観音に奉仕した真言宗の一坊であったが、一六二二（元和八）年の再興とともに改宗した。岩屋観音の起源は、行基がこの地に赴いたとき、風景に魅せられて千手観音像を刻み岩穴に安置したことにはじまるという。

さて、湖西連峰の南端には、鎌倉期に幕府の保護を受けたいわゆる三河七御堂の一つ、古義真言宗の普門寺が山中に所在する。一五三四（天文三）年『船形山普門寺梧桐岡院門闢縁起』によると、行基開創として平安時代以降鎮護国家の道場・真言止観の霊地として繁栄し、「依之東谷五大尊為本尊　西谷観世音為本主　両谷建立其此由也　両谷堂塔数多　坊舎三千有余也　悉御造営事終」と大伽藍であったことを伝えている。今日の普門寺裏山には基壇・礎石を残す元堂・元々堂とよばれる場所がある。山中には坊舎跡とみられる平場が数多く確認され、池や墳墓、霊岩・経塚が所在し、堂々たる伽藍を誇っていた。元々堂から奈良時代の須恵器が採集されていて、開山の古いことを知る。普門寺には、一一二七（大治二）年大般若経残欠や平安時代中後期の阿弥陀如来座像・釈迦如来座像・四天王像の六体を安置している。その他に、十四世勝意が埋納した久寿三（一一五六）年銘銅製経筒が、一八七七（明治十）年に裏山の元堂跡から発見されている。経筒はもう一つ発見されていて、瑞花双鸞鏡一面が出土している。

勝意名は、一九八三（昭和五十八）年に静岡県袋井市岡崎で出土した梵鐘にもみえる。梵鐘には作成経緯を鋳出した二二〇字の銘文がある。それによると、参河国渥美郡東紀里岡寺、現在の普門寺のもので、平治元（一一五九）年八月十三日に二条天皇とその中宮高松院姝子とが施入し、その意をうけて藤原師光が事を運んだとある。実際に鋳上がったのは平治二年正月で、この間に求勝・行視・勝意の僧侶が勧進にあたった。普門寺の中央との強い結びつきがうかがえ、天皇より施入を受けるほどの東海有数の寺院であった。嘉応年間（一一六九〜七一）に天台僧との争いにより全焼し、十六世化積上人が復興したという。

普門寺境内には鎌倉街道が通り、頼朝が上洛のおり宿泊したと伝える。街道は尾根を越えて岩崎に下る。岩崎には頼朝にまつわる鞍掛神社や駒止の桜がある。街道は古義真言宗の赤岩寺前を通り西に抜けたという。山の中腹にある赤岩寺は、行基開祖と伝え、八五七（天安元）年に再興、のちに真言宗高野山明王院の末寺として十二坊を誇る三河七御堂の一つに数えられる名刹である。

浜名湖から渥美半島の海浜沿いには、片浜十三里とよばれた伊勢街道が橋本宿から渥美半島の先端伊良湖岬へと延びていた。遠州灘の海岸は真砂の浜なので、街道は波打ちぎわの固い箇所を歩いたという。海浜の街道沿いには、かつて集落が点在していた。そのひとつの長谷元屋敷遺跡は、調査によって十五世紀から十七世紀まで度々の大津波に襲われつつも、営々と生活していたことが確認されている。一七〇七（宝永四）年の大地震による津波は、海浜地域に甚大な被害をもたらし、近世東海道の白須賀宿の台地への移転や新居関所の移転が相次ぎ、この期を境に海浜のことごとくの集落が台地上に移転したのである。

渥美半島は陸路だけではなく、海路は「いらごのわたりにて、海賊にあひにけり」との『古今著聞集』巻一二の説話や、『中右記』永久二年（一一一四）二月別記三日条に「遠江・尾張・参河の海賊・強盗多く以てできし」とあることから、古代より海上交通の盛んな地域であった。

近世東海道の旧白須賀宿沿いにある蔵法寺は、海食崖の中腹にあって一七〇七年の津波被害をまぬがれたものの、一八〇一（享和元）年の山津波で多くの記録を失った。寺伝では平安時代の創建とし、一五九八（慶長三）年に真言宗から曹洞宗に改宗している。一九六五（昭和四十）年頃、蔵法寺裏山で十三世紀から十五世紀頃の蔵骨器が出土しており、少なくとも鎌倉時代まで逆上ることができよう。蔵法寺の西側には「てんとう山」とよばれる廻船目当の常燈明台があった。一七〇七年の大地震で破壊され、その後の施設では用を成さなくなり、一八六四（文久四）年に「天當山常燈明台再興資金勧募状」が出されている。常燈明台の起源は、丘陵の中腹にある蔵法寺にあることが想像され、中世以来の遠州灘沖航路の要所と考えられる。

津波被害を避け伊勢街道沿いの海浜から丘陵上に移転した豊橋市小松原の東観音寺も、蔵法寺と同様に遠州灘沖航行の要所であった。寺は行基開祖と伝えられ、熊野権現の夢告を受けて馬頭観音を刻み本尊とし、漁民の海上安全を祈る寺として栄えた。一一三七（保延三）年大般若経が伝えられ、一二七一（文永八）年には三河の地頭安達泰盛が馬頭観音懸仏を寄進している。室町時代に真言宗から臨済宗に改宗。境内絵図に船着場が描かれ伊良湖との間に渡船があったという。

浜名湖北路（本坂道）　浜名湖北路の本坂道は、湖西連峰の尾根を越える道で、今日「姫街道」の名でよばれている。尾根越えの本坂峠は、穂の境峠または穂の坂峠の意で国境を示す。浜名湖北地域は、湖南にくらべて北岡大塚古墳や馬場平古墳などの前期古墳が点在する地域なので、本坂道は平安時代だけではなく古墳時代にまでその起源がさかのぼる。

一一九一（建久二）年成立の「筥根山縁起」によれば、箱根三所権現を勧請した万巻上人は八一六（弘仁七）年に本坂峠を下った三河国楊那《やな》郡で入寂したと伝える。本坂峠を越えたのであろう。八四二（承和九）年に起こった承和の変により伊豆に流罪となった橘逸勢は、遠江国板築駅で死去したといい、三ケ日日比沢に墓が残る。律令期の板築駅の所在については定かではないが、東海道の駅家、猪鼻駅が八四三（承和十）年に復置され「廃し来ることやや久し」とあるので、おそらく逸勢らは東海道ではなく本坂道を通過したのであろう。

東海道南路に架かる浜名橋は、たびたび流失したようで、平安時代後期の『更級日記』に「浜名の橋、下りし時は黒木をわたしたりし、この度は、跡だに見えねば、舟にて渡る、入江にわたりし橋也」と記されている。八八四（元慶八）年には浜名橋の改作が勅されているが、八六二（貞観四）年の修理以来二〇余年を経て破損同様と表現されている。自然災害による橋の流失も多かったであろうから、度々の橋の架け替えはたやすいものではなかろうし、通行不能の事態も生じたであろう。このため、湖北ルートの本坂道が主要幹線路として使用されることも多かったのである。

本坂峠には、西側にのびた支尾根の中腹にかけて浅間神社と総称される三つの神社がある。社伝によれば、原川社・富士社ともに七五〇（天平勝宝二）年に駿河富士浅間神社より勧請したと伝えられる。山頂の大山上浅間（頭浅間）、中腹の原川社（腹浅間）、麓の富士社（足浅間）の三社は浅間様と称せられて多くの信仰を集めた。頭のことは頭浅間の大山祇命に、腹のことは腹浅間の木花咲耶姫命に、足のことは足浅間の秋津姫命に祈願すれば霊験あらたかと伝えられ、お籠もりすることもあったという。

本坂峠を越えて三河国八名郡となる。八名郡には、唯一式内社とされた石巻神社が鎮座する。大己貴命を祀る石巻神社は、石巻山に山上社、山麓に本社を置いている。礼拝の対象である石巻山は、豊橋平野のいずれからも目視できる神奈備の山容で、本坂道を眼下に見下ろしている。円錐形の特長ある山頂は幅九〇メートル・高さ四〇メートルもの巨大な一枚石灰岩で（図44参照）、雄岩・雌岩・天狗岩の三つからなる。巨岩下方の奥之院には、「このしろ池」とよばれる小さな池や風穴があり、龍神社・天狗社・不動堂が祀られている。

石巻神社は、応永二（一三九五）年奥書の「大般若経」と一四六八（応仁二）年から一五六二年（永禄五）にいたる九五年間の「石巻宮織女帳」から、戦国時代以前には山麓の神郷・金田・長彦を中心に、神ヶ谷・高井・和田・長楽・月ヶ谷・嵩山・下条・浪ノ上・多米など広範囲の崇拝を受けていた神社であったことがわかる。月ヶ谷の一三四七（貞和三）年に創立された臨済宗萬福寺には、石巻山の社僧寺管絃堂より移された一二七六（建治二）年補修の阿弥陀座像が安置されている。その他に石巻神社の社僧寺には、臨済宗東光寺・照明寺跡があるという。石巻神社山裾の平地は、石巻神郷遺跡群として古代から中世の集落遺跡が数多く点在する遺跡分布の濃密な地域である。

本坂峠の近くには、永仁年間（一二九三〜九九）に建立された臨済宗正宗寺がある。宋僧日顔禅師が当地に来たときに、達磨大師に縁の深い嵩《すう》山《ざん》の地形に似ていたので、嵩山《すせ》と名付け山上に寺をたてたという。江戸中期に現在の山裾に移転するが、裏山には中世墳墓があり盗掘が絶えなかったと住職はいう。近隣の通称観音山には、平安末の創建と伝えられる普門寺があった。

後述するように、三河と遠江をつなぐ道は、本坂道ばかりでなく里道もいくつか存在した。本坂峠の北にある中山峠の山道もその一つである。中山には、通称堂山の山腹に太陽寺跡と本尊薬師如来を残す医福神社があり、本尊の厨子に天台宗太陽寺縁起書を納める。太陽寺の開基は崇徳天皇の朝臣徳大寺右大臣成忠卿、一一三三（長承二）年に成忠二男の晴蓮和尚が追善供養を修し、十六の坊舎を建て古社大蔵神社を氏神と定めたとする。大蔵神社は、国内神名帳に「従四位下大蔵明神坐八名郡」とある古社で、真夜中に霊水を汲み、神面に注げばかならず雨が降ると信じられている。

中山のさらに北には吉祥山があって、その山麓に弘法大師の開山と伝える今水寺跡がある。十一面観音を祀り熊野権現を鎮守神とし、吉祥山の山頂に吉祥天を安置していた。熊野権現の下には稚児井・藤井という湧水があり、現在、数多くの坊跡や墳墓を残す。一五八九（天承十七）年の検地帳写を残すものの、衰退いちじるしいときであったようで、江戸時代には廃絶している。

本坂峠の東側の遠江国浜名郡にも、数多くの神社や寺院が点在する。浜名郡内には五つの式内社があるが、前出の角避比古神社と大神神社の他に式内社三社が浜松市三ヶ日にある。浜名湖と猪鼻湖の境にある武甕槌命を祀る猪鼻湖神社、英多神社に比定される浜名惣社神明宮は祭神大田々根子命を祀り、大物主命を祀る弥和山神社は只木神明宮と、それぞれに比定される。三つの式内社で二社が今日神明宮というように、三ヶ日には神明社が多い。これは、八〇六（大同元）年すでに国造貢進の神戸と主張する浜名神戸四〇戸が岡本・三ヶ日におかれ、周辺の伊勢神宮領、尾奈御厨・宇治乃御厨（宇志）・佐久目御薗（佐久米）・大崎御薗に神明社を設けたことによる。尾奈御厨は嘉承三（一一〇六）年注文・永久三（一一一五）年宣旨では「往古神領」とされるが、他の御厨・御薗は遠江守源基清は一〇四五（寛徳二）年以後の成立と主張している。浜名惣社神明宮近くには、古来より伊勢神宮に神御衣を奉納し、天棚機姫命を祭神とする初生衣神社がある。

寺院は、街道沿いの三ケ日日比沢に曹洞宗華蔵寺がある。一五五六（弘治二）年に真言宗から改宗し、鎌倉初期の釈迦如来座像を安置する。そして、千頭峯の麓に古義真言宗の摩訶耶寺があって、縁起によると、行基開祖で初めは三ヶ日東隣の引佐奥山の富幕山にあり新達寺と号し、兵火をのがれ千頭峯に移り真萱寺と改称、さらに平安末に現在地に移転したという。今日、平安初期の千手観音立像・平安末期の阿弥陀如来座像と金剛力士像・鎌倉初期の不動明王立像が祀られ、平安末期作庭の池泉舟遊式蓬萊庭園が遺されている。境内からは十二世紀後半の渥美蓮弁文壺が出土しており、摩訶耶寺背後の宇志の山中からは、平安期の瓦塔が発見されている（図45参照）。

摩訶耶寺と同じ古義真言宗の大福寺は、瓶割峠にいたる途中にある。寺伝では、八七五（貞観十七）年開創の富幕山にあった幡教寺を一二〇七（承元元）年に土御門天皇の勅をもって教侍が現在地に移したものという。金銅装笈や諸仏、庭園を遺す。大福寺の前身である幡教寺跡は、北東の富幕山南西斜面の中腹にあり、礎石建物跡や池、削平された平場が数多く確認され、規模の大きな寺院であった。

山間の伝承と信仰の痕跡

湖西連峰には、遠江国と三河国を行き交う里道が何本もある。そのひとつに、大知波峠を越えて湖西市大知波と豊橋市嵩山をつなぐ豊川道がある。

この豊川道を愛知県側に下った旧長彦村には臨済宗十輪寺があり、創建を不明とするが一三七六（永和二）年には開山しており、正宗寺末陽徳派に属していた。本尊の観世音については知るところがない。境内には地蔵堂があり、七年ごとに開帳する地蔵菩薩立像が秘仏として安置されている。正宗寺が保管する慶応年間（一八一五～一八）作の『嵩山末山寺籍本山提出控書』によると、地蔵尊は嵯峨清凉寺釈迦如来と同作の天笠の毘修謁摩の作で、大知波峠より兵乱をのがれて長彦に現れたのでお堂を建てて安置したという。一六〇一（慶長六）年に伊奈備前守忠次の巡見の際、その由緒によって十輪寺は三石目の黒印を与えられた。

豊川道の通過する大知波峠には、大知波峠廃寺があることから、十輪寺の地蔵尊が祀られていた伝承は、大知波峠廃寺に関する唯一の伝承であるといえる。後述するように、作者はともかくとして、大知波峠に地蔵菩薩立像が祀られていたという伝承は事実である可能性が高い。大知波峠廃寺の調査によって、十二世紀後半には方三間堂が建立されていたことが明らかで、そこに地蔵菩薩立像を祀っていたと考えられるからである。

一方、豊川道を静岡県側に下った大知波には、今川の北岸段丘面に縄文時代より古代・中世と連綿とつづくイノコ遺跡が所在している。この段丘には、大神山八幡宮神社と向雲寺がある。大神山八幡と称することについて、彦坂良平は宮司の岡田芳男より、「村の真西に当る辺、標高四〇〇メートルほどの山頂を霊屋《たまや》の峰とよぶ。方三、四メートルの巨石数個がその頂点を成している。古来この巨岩を里人は〝大神岩〟と崇敬して来たとのことであり、その峰の東斜面を二〇メートルほど下った山腹に、かなりの広さをもつ中段がある。此所は御殿とよばれている」という話を聞き取っている。同社の境内社には、大己貴神を並祀する熱田社があることから、彦坂良平は、浜名郡式内社の大神神社は新居町の二宮神社ではなく、霊屋峰を崇拝対象とする今日の境内社をその名残りではないかとし、当該地域を大神郷に比定した。当否を別にしても、境内社に祀られている大己貴神がもともと霊屋峰にあったとする話は、傾聴すべきであろう。というのも、霊屋峰は、浜名湖で漁をする人たちの山あてにも用いられたり、峰にかかる雲の動きで天気を予測するなど、峰は人びとの崇拝の対象となっていたからである。湖西連峰には磐座を信仰の対象としている神社は多く、大知波には霊屋峰の他にも赤岩神社がある。

向雲寺は、縁起によると一三一二（正和元）年に他阿上人の巡行の際に帰依して、真言宗より時宗に改宗し、火災により現在地に移転したが、寺畑または寺坂とよばれる丘陵にもとは所在したという。向雲寺境内には観音堂があり、「水岩山観音寺」と伝え、東側の山中の旧所在地を「カン寺」という。本尊は寺伝によれば、紀州から漂着した霊木でつくられ秘仏とされる。カン寺からは五輪塔や宝篋印塔の出土を伝え、近くに集石をともなう火矢田中世墳墓や「行者岩」とよばれる小山がある。

大知波峠の南方には、多米峠を越える里道がある。静岡県小笠郡妙照寺文書の大般若経奥書に、一三九八（応永五）年「於遠江多米寺寂寥軒下、大願主浄泰、筆者退休子」とあって、多米寺という寺院の実在がわかる。しかし、多米の地名やそれに結びつく寺名を冠する寺院は、遠江には見当たらない。おそらく三河国八名郡多米郷に由来する寺名であろう。多米峠に寺跡があったと伝え聞くが未確認である。多米峠を三河側に下った麓には徳合長者屋敷跡があり、谷奥に長者の開いた滝山がある。瀑布に真言宗寺院であった坊舎六院が奉仕していたと伝えられ、屋敷跡からは五輪塔や石垣が出土したという。古老の話しでは「朝日さす夕日輝く榊のもと、黄金千杯朱千杯」という歌が残っていたという。伝承では、崇峻天皇のときに大江定則の婿で滝ノ蔵人正時晴という人がいて、多米の東に住み滝山長者と名のっていた。聖徳太子から徳合長者の名を賜り、二代目の兼成が行基作の千手観音・四天王を滝山に祀った。源平合戦頃の四代目権五郎のとき滅んだという。

以上、湖西連峰の歴史環境を街道にかかわらせつつ、古代・中世の寺院・神社を中心に垣間見てきた。地域の記録をひもとき踏査を行うと、驚くほどに山中に信仰の痕跡を見出すことができる。そして、山寺や神社は街道から隔絶されてはおらず、地域の信仰と不可分な関係にあることがうかがえるのである。加えて、湖西連峰の南端から東に派生した尾根の端に曹洞宗の東雲寺があるが、境内に祀る摩利支天の正月大祭には、浜名湖周辺の多くの漁師が大漁祈願のため参拝したということから、信仰は山中だけで完結するのではなく、山と海とのつながりも見逃すことはできないのである。

3　山中の道

地図に記された山道

ここでは湖西連峰の信仰遺跡と山道との関連について述べ、大知波峠廃寺の輪郭を描いておきたい。というのも、これら山中の信仰遺跡は、里の人びとの信仰と深く結び付いて存立しているが、具体的に里と山を往来する道によって、両者はつながっているからである。むろん、これらの山道の往来は信仰にかぎられているのではなく、生業などの生活道として網の目のように山中を巡っていることはいうまでもない。

図4に掲げたのは、一八九〇（明治二十三）年測図の五万分の一の地形図に記された道路に古墳群を組み入れた図である。図5は一九一七（大正六）年測図の二万五千分の一の地形図に記された道路と確認した山中の信仰遺跡を組み入れた図である。道は、国道・里道・小径と分けられている。双方の図を比較すると、図5に多くの小径が記されているので、大正に入って新たな山道が増したかのように見えるが、それは縮尺の表記の違いによる。新たに敷設された道路は、本坂峠をトンネルで抜ける国道ぐらいのものである。

まず、図4に記された道路を見ると、南北にのびる湖西連峰の主尾根を東西へと横断する里道が指摘できよう。これら里道の大半が、本坂峠を抜ける本坂道や東海道のように複数の地域を横断する国道ではなく、山を挟んで隣り合った集落をつなぐ生活道である。南から、太田峠は湖西市の太田・神座と豊橋市の岩崎をつなぎ、多米峠は湖西市の大知波と豊橋市の多米、大知波峠は湖西市の大知波と豊橋市の長彦、本坂峠は三ヶ日の日比沢と豊橋市の嵩山、中山峠は三ヶ日の平山と豊橋市の中山をつなぐという具合に東西両方の地域を結んでいる。

これら主尾根を東西に横断する里道に加えて、主尾根から東西双方にのびた支尾根を南北に縦断し集落をつなぐ里道や小径がある。里道や小径の多くは谷筋を通っていて、支尾根筋を往来する里

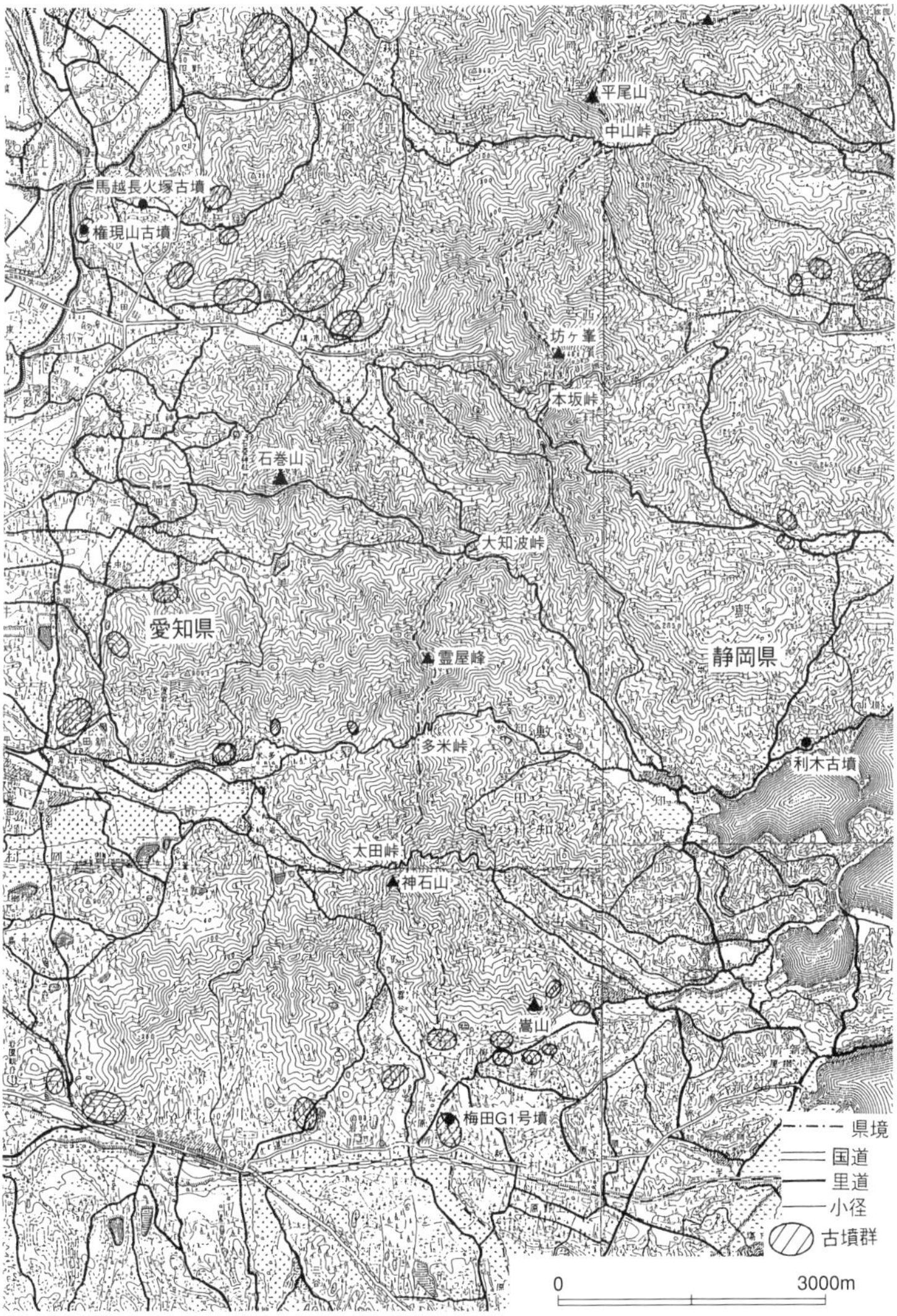

図4　明治23年の道と古墳群

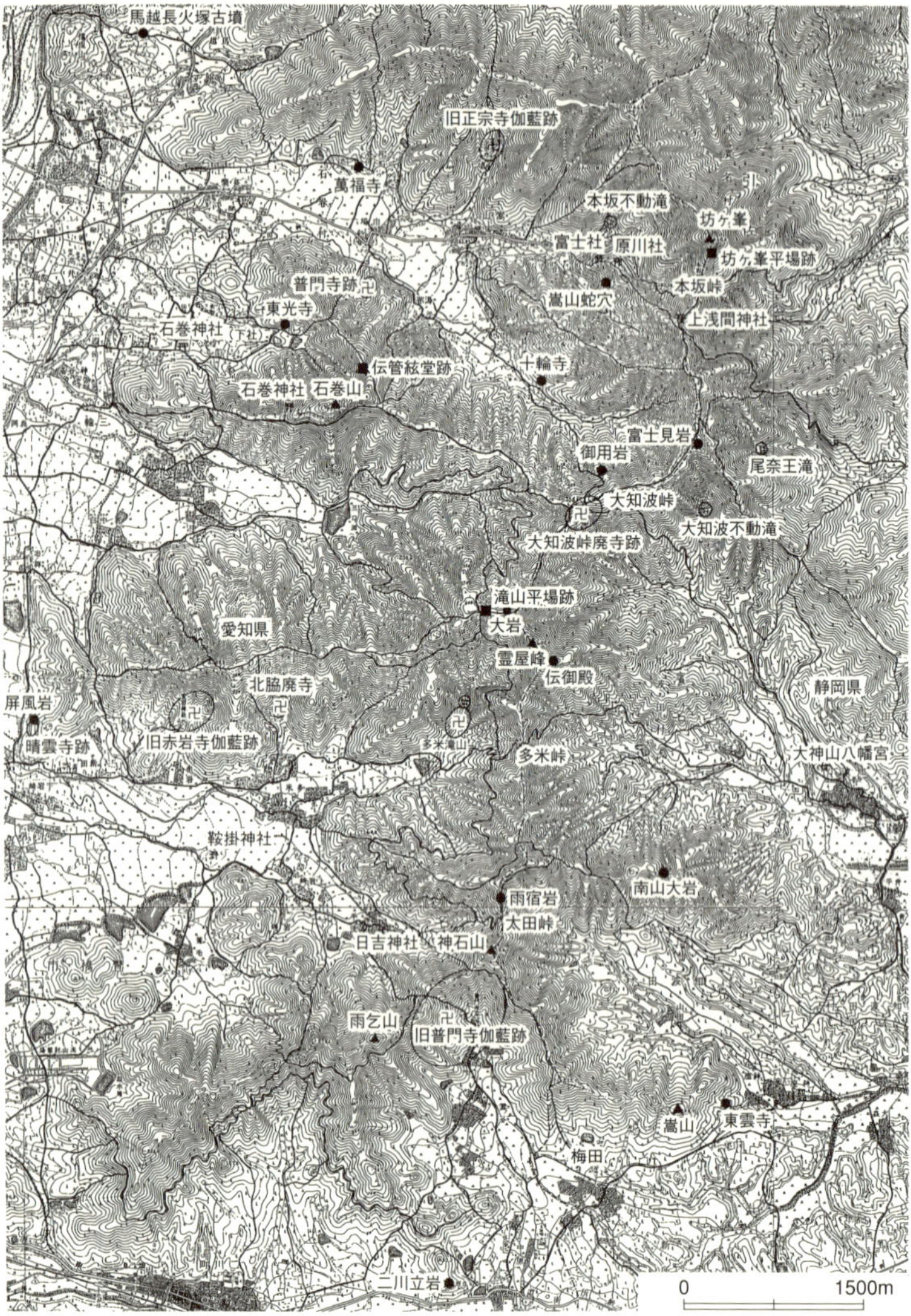

図５　大正６年の道と信仰遺跡

道は少なく、大知波峠―石巻山間の支尾根と本坂峠南の浅間三社の位置する支尾根筋ぐらいである。

図5には、図4に記されていなかった小径が加えられている。小径には、主尾根北の本坂峠―富士見岩―大知波峠廃寺跡―滝山平場跡を通り、さらに滝山平場跡から西にのびる支尾根を西進する小径や、南端の梅田―神石山の尾根を部分的にも通過するような、尾根を通る道が示されている。そしてもう一つ、尾根近くの中腹を等高線づたいにたどる小径が認められる。神石山から西に派生する支尾根では、雨乞山などの山頂を通るのではなく大半が中腹の道である。南北の主尾根にも小径を記載するが、滝山平場跡―多米峠―神石山の主尾根に小径はなく愛知県側の中腹に小径が走る。

全体として、地図に掲載された道路は、南北に連なる湖西連峰の主尾根をはさんで、谷筋を通過する里道を井桁状に配している。一方、小径は霊屋峰以北に尾根道を通るものが多く認められ、霊屋峰以南では尾根にはなく中腹を通る小径が多い。なお、本坂峠以北では尾根筋の小径を示すことはない。

地図に記されない山道

かつて山を生業の糧としていた頃とは違って、昨今の山の荒廃はいちじるしい。頻繁に往来のあった太田峠を越える里道は廃道になって久しい。大知波峠を横断する豊川道も大知波峠廃寺の調査がなければ、太田峠と同様に廃道寸前であった。里道においてさえこの有様なので、小径にいたっては往来が途絶えれば簡単に藪のなかに埋もれてしまう。事実、調査時に道を失って山中をさまようことが度々あったのである。その一方で、地図に記されない小径も確認している。

図 6　中腹の山道

今日、静岡県側の中腹、南端の嵩山から北に向かって南山大岩—多米峠—大知波峠—富士見岩—本坂峠—中山峠へと林道が等高線に沿うように敷設されている。この林道に重なるように「経路」と称される小径が、等高線に沿って大知波周辺で認められるのである（図 6）。ちょうど、反対側の愛知県の中腹を巡る小径に対応するかのようである。この「大知波経路」は近年設置されたのではなく、かつての御用林を見回る道として国有林に引き継がれたのだという。図 2 に記した経路位置は、天竜森林管理署の林班位置図から転写したのであるが、山林管理道などの限定した目的に供する道は一般の地図に記されることはない。

その逆に、管理道が不特定多数の往来する小径として地図に記される場合もある。南北の主尾根を縦断する湖西連峰ハイキングコースがそれである。県境であるとともに国有林の所轄境界でもある主尾根付近は、近年まで防火帯として綺麗に刈り込まれていた。それとともに尾根には高圧送電線の鉄塔が並び立ち、これまで尾根道のなかった滝山平場跡以南の霊屋峰―多米峠―神石山―嵩山に送電線の管理用の小径ができた（尾根は国有林の所轄境界でもあるので、以前より山林管理道があったのかもしれない）。滝山平場跡以北は既存の尾根道を経由し、滝山平場跡以南は管理道によって、主尾根を南北に貫く新たな小径ができたわけで、これに豊橋市・湖西市の双方がハイキングコースとして、案内板などを設置して整備をはかったのである。したがって、今日一万分の一の地図に記す南の嵩山から神石山―多米峠―霊屋峰―滝山平場跡の北への尾根道は、図4でみたようにかつては記されることのなかった小径なのである。

加えて、地境が小径となって地図に記される場合もある。たとえば、神石山から雨乞山へと西にのびる支尾根と東にのびて嵩山にいたる支尾根には、図4では村の境界が示され小径記載はないが、図5の現在の地図には小径となって記載されている。実際に尾根道は、豊橋側では自然歩道として整備され、湖西側でもハイキングコースとして整備されているのである。山中に分け入ると、意外なほど地境は視覚的に明瞭なのである。

今日の行政境は境界杭で示すが、かつての村境は尾根を境とすることが多い。湖西連峰は、痩せ尾根のため尾根筋が明瞭であり、斜面を急峻としているので麓までの眺望がよい。さらに山頂には、かならず岩が顔を出し傍示となっている。富士見岩などは、県境とともに湖西市・浜松市三ヶ日の傍示となっているのである。これら行政境は、同時に山林境でもある。行政境をまたぐ国有林にあっては林班境に重なる。山林境では巨岩や

図7　尾根道

巨木を傍示とし、植林の場合に雑木林を帯状に残して境としている。大知波峠近くの尾根道には、往古の面影をたどれるかのように原生林のツゲ林が残されている（図7）。往々にしてそれらの境は、たびたびの管理の往来で通りやすいように刈り払われ、自然に踏み固められた道が取り付いていることがある。平たく言えば、道そのものが境といえるのかもしれない。

これら山道は一般に歩きやすかった。本坂峠の国道本坂道や大知波峠・多米峠を通る里道に見るように、峠道は斜面を斜めに長くとり道の勾配を緩やかとし、勾配のきつい箇所ではつづら折りとなって峠へいたることが多い。斜面を直行して登ることはない。尾根道は、上り下りのくり返しなので尾根の起伏によって歩きやすさは違う。滝山平場跡以北の本坂峠までの尾根道は、主尾根や東西に派生する支尾根に起伏が少なく上り下がりの間が比較的長めなので、極端な高低差が見られず歩きやすい。中腹を等高線沿いに往来する道などの経路も平坦で歩きやすいのである。

ちなみに林道ができる以前は、山火事に備えた消防の作業路として通行可能な経路で巡回が行われていた。一方、歩きにくい道も多少なりともある。滝山平場跡以南の神石山・嵩山までの尾根道である。高低差のある上り下りが小刻につづき、岩場ということもあってたいへん苦しい道中であった。この尾根筋は、前述したように近年ハイキングコースとして頻繁に往来するようになった新しい山道である。

信仰遺跡と山道

さて、山道にあっても本坂道や東海道のように不特定多数が往来する官道とは違って、比較的限定された地域の人びとのための山道、管理や生業もしくは信仰など限定された目的の山道は地図を含めて記録に残りにくい。記録には残りにくいが、逆に山中には時代を通じてさまざまな目的に使ったであろう山道が温存されているのである。湖西連峰のような里山は、山の利用開発を早くに行っていたであろうから、昨今の山道を別にして、網の目のような山道を時代ごとにたどるのは不可能である。したがって、ここでは信仰遺跡の年代に目星のつくもの、あるいは種別による山道との関連を多少述べておきたい。

まず、図4に古墳群分布を示した。古墳群には規模の大小があるものの、山裾にその多くが点在している。静岡県の浜名湖周辺では、嵩山山麓や湖岸の利木古墳、浜名湖に注ぐ各河川流域に所在する。愛知県豊橋市でも山裾を巡るように古墳群が所在している。しかし、唯一、石巻山の山裾には古墳分布を見ることがない。石巻山の北を通る本坂道は、古墳時代から主要交通路として重要視されていて、その道筋沿いには愛知県指定の前期古墳の権現山古墳や後期古墳の馬越長火塚古墳が所在している地域にもかかわらず、昨今の豊橋市が行っている分布調査でも石巻山周辺にはさして古墳の分布を見ないという。石巻山は古墳を築かせない不可侵の山として扱われていたようである。八名郡で唯一の式内社である石巻神社の御神体を石巻山としているので、古墳時代にさかのぼって石巻山は霊山として扱われ、山一帯に堅固な神の領域を形成していたのであろう。

旧普門寺伽藍の元々堂周辺や石巻山奥之院、大知波峠廃寺、本坂蛇穴で八世紀代の須恵器が採取されている。遺構が確認されていないので、具体的に施設があったのか不明とせざるを得ないが、考古資料をして奈良時代からこれら山林箇所での信仰活動をうかがうことができる。平安時代中頃から末期になると、大知波峠廃寺・旧普門寺伽藍跡など多くの寺院が史資料に現れ、以後中世にかけてその数が増す。おそらくは、今日に残された山道の多くが少なくも中世にまでさかのぼることができよう。そして、本坂道が古代にまでさかのぼるように、たとえば、同じ尾根筋に位置する石巻山と大知波峠廃寺をつなぐ尾根道や豊川道などの里道は、古代にまでさかのぼる可能性がある。

図5から寺院や神社の信仰施設と山道の関係を見ると、旧普門寺伽藍跡には鎌倉街道、大知波峠廃寺では豊川道、石巻神社には大知波峠からの尾根道、浅間三社も尾根道という具合に、寺院・神社の大小にかかわらず境内もしくは近傍に道がかならず認められる。これはごく当然のことかもしれない。施設の維持管理だけでなく、一般の人びとの参拝や参篭などで往来する参道は必要不可欠だからである。ところが、山道は寺院・神社で終着とはならず、信仰施設の有無にかかわりなく、さらに他の尾根や谷へとネットワーク状に延びていくのである。この場合、参道は地域の生活道あるいは山林生業の踏み分け道に重なっていると見た方がよい。そして、寺院・神社の信仰施設にいたる山道とは違って、石巻山の霊山、南山大岩・大知波不動滝・尾奈王滝などの行場、あるいは神石山・霊屋峰・坊ヶ峰の山頂には、山道は近づき

はするものの明らかに避けている。これら霊山や行場は往々にして起伏がある難所なので、生活道などの山道は避けることが多いのである。

霊山・行場に行き着くまでの道は地図に載ることはないが、道のない森林や藪地に一歩踏み込めば、たちまち歩行の自由を失い、わずか先を進むにも時間を要するのであるから、道がまったくないわけではない。この点、管理の経路や山林作業道のソリ道など、限定した目的に供する道が地図に載らないのと同様である。寺院・神社のように一般の信者が往来する参道とは異なり、修行者のようにかぎられた人が利用する道は、近傍の生活道に支道を付けて霊山や行場にいたることが多いのである。

湖西連峰にみられるこのような信仰遺跡と山道の関係は、かならずしも特異なものではないようである。山岳交通路としての修験道の峰入り道を研究した長野覺によれば、長久年間（一〇四〇〜一〇四四）に著された『法華験記』には、義睿が熊野から路に迷いながら十余日を費やし、大峯山を経て吉野にいたった記録があり、平安時代末期の紀伊半島の山中はすでに迷うほどの山道が存在したことがわかるという。そして、義睿の通過した道は、自らが原生林を伐採してつくった道なのではなく、以前からあった山人の踏み分け道をたどりながら通過したのであり、義睿の体験と同様に、地方の峰入り道も既存の山人の道を宗教儀礼の道に固定化して、その基幹コースから支道を付けて行場にふさわしい難所や霊所を備えるようになったというのである。

おそらくは、湖西連峰も山の信仰と山林資源の利用とがあいまって、双方の踏み分け道が網の目のようにできあがったのであろう。そして、それらの山道は人幅ほどであったから、どれが本道で脇道なのか迷うのである。

　ほんの少し前までは、誰もがむやみやたらと山林へ入ることはなかった。入林の時期は、季節や生業内容、信仰行事によっておおむね地域で定められ、場合によってはかぎられた人びとのみに入林が許されることもあった。山道は大風による倒木や出水による崖崩れなどで、通行を妨げられることが度々なので、地域住民による恒常的な維持管理が行われていた。このため、地域住民と往来者との間に信仰や利害の大きな対立が生じれば、往来を自由とした本坂道の官道や里道はおろか、小径でも通行はままならないのである。

　そして、湖西連峰のような里山でも、同じ幅の山道がさまざまに交叉し分かれているから、義睿でなくてもいったん道に迷うと遭難する恐れすらある。湖西市大知波には、村人が道を誤って教えたために座頭が迷って遭難死した説話があり、今日大神山八幡宮に「座頭宮」を祀っている。昨今のハイカーにもつねに先達がいるように、新たな山の来訪者は先達を必要とし、通行するためには地域住民との共存関係が不可欠なのである。

　山道の往来はよくも悪くも、地域の監視の目にさらされていたから、通行や信仰あるいは生業という入林目的が地域住民に判別がつくように、それとわかる装束と作法や所作が入林者に求められたのである。これは、今日の入林者のハイカーとても同様である。

Ⅲ　伽藍の全景と変遷

1　遺跡の概要

大知波峠廃寺は、十世紀第2四半世紀から十一世紀末頃まで存続し、創建以前の八世紀後半の須恵器も認められるほか、廃絶後の十二世紀後半の仏堂建立以降、十五世紀後半まで遺物の散布が確認できる。当地は、古代から中世の長きにわたって山林信仰のよりどころとなっていた。

大知波峠廃寺は、標高三二〇～三四〇メートルの尾根近くにあって、南北にのびる主尾根から西の石巻山へ派生する支尾根の分岐箇所に位置する。東の谷を登り口としているので、今日の豊川道が参道と重なる可能性が高い。豊川道は大知波峠で石巻山へいたる里道と交叉している。石巻山奥之院から八世紀の須恵器を採集しているので、石巻山と大知波峠廃寺の初現期が同時期となり、両者をつなぐこの里道も古くさかのぼりそうである。大知波峠廃寺は、平地と尾根を結ぶ山道の分岐点にあって、山間通交の要所となっている。

伽藍の周囲には、北と西に主尾根、南のやや低い支尾根い囲まれ、ちょうど腕を大きく広げた懐に伽藍を配した恰好となっている。尾根には、巨岩が榜示のように取り囲み結界を成している。主尾根北側に盤石Ⅰとした岩の露頭が広い範囲に見られ、時計まわりに礎石建物CⅠに隣接して幅四メートル、高さ四メートルほどの盤石Ⅱがある。谷を挟んだ南側対岸には、一五メートルほどの盤石Ⅲがあたかも門柱のように参道脇に聳える。盤石Ⅲは主尾根から東に延びた支尾根の端にあって、主尾根に向かい高さ一〇メートルを越える盤石Ⅳ～Ⅷが支尾根に林立する。これら巨岩群と尾根が、結界を形成しその内と外を明瞭に隔てている。

尾根の外側は急斜面となって麓までいたる。麓は今川の源流となっており、近世より開拓された石垣造りの棚田跡が広がる。源流から廃寺までの中腹斜面は急勾配で、平坦面などの遺構は確認できない。麓からは、礎石建物CⅠと純白な白色岩の盤石Ⅶを目視できる。盤石Ⅶはおそらく往時もよく知られた目印であったと想像される。

チャートの巨岩が数多く林立し風化砂礫の流失を妨げているため、周囲の急峻な斜面にくらべて伽藍地は緩やかな傾斜となっている。伽藍の中心には、湧水があって小さな池となり、そこから水は東に流れ下って小さな開析谷を成している。

建物は、岩盤の斜面を大掛かりに切り盛り造成した平坦面に礎石を据え置いている。山中にあって建物は方位に沿い南面あるいは東面し、建物相互の高さや配置にも配慮がうかがえるのである。調査で確認した礎石建物は一二棟あり、須弥壇を有し仏堂と判断できる建物六棟、住坊三棟、厨一棟、門一棟、不明一棟を数える。塔や鐘楼などの建物は見当たらない。瓦の出土は皆無で、屋根は桧皮葺なのであろう。

伽藍は大きく三つの建物群から構成されている。池跡の周囲を巡る建物群と北側の建物群、さ

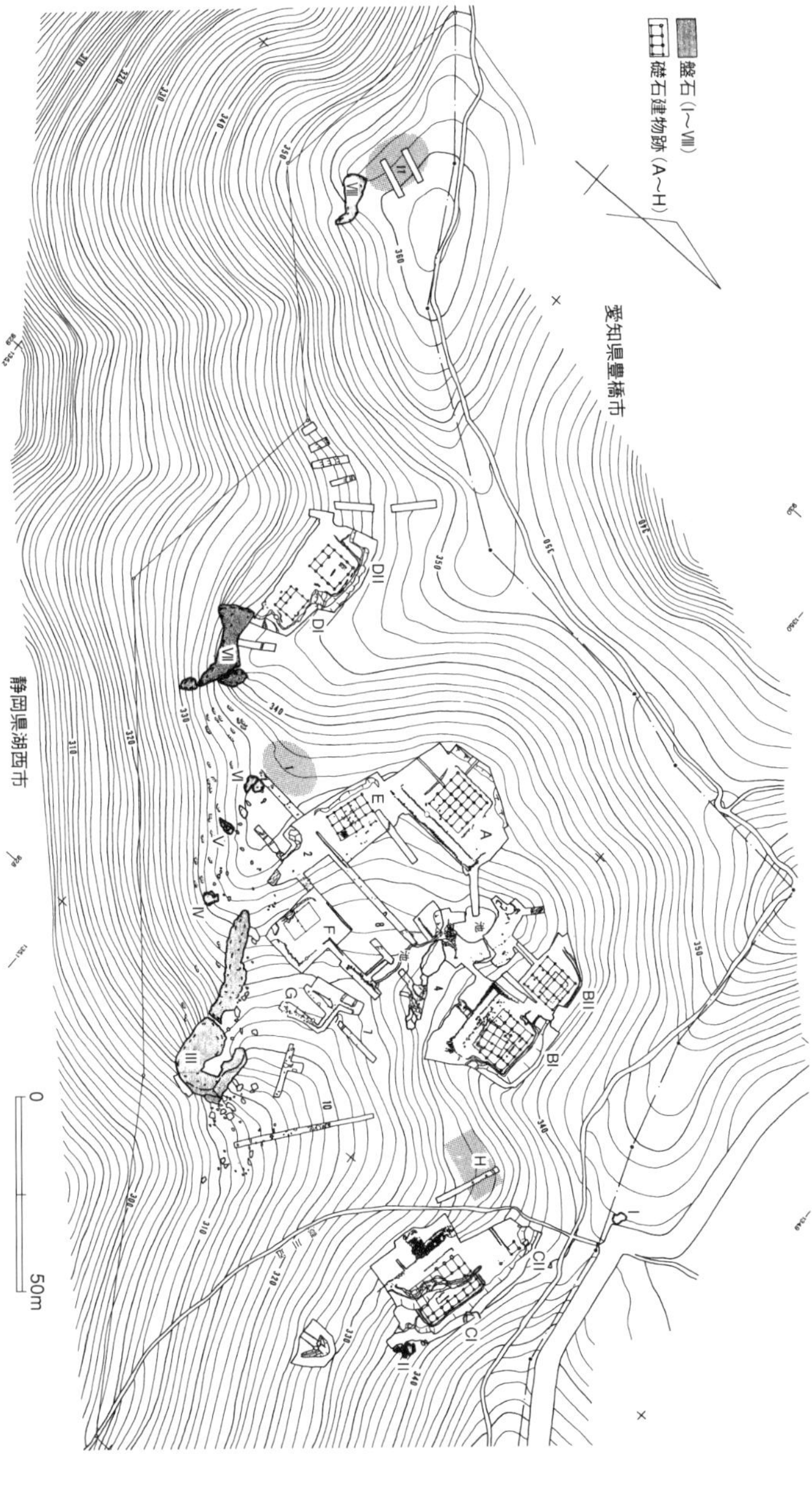

図８　大知波峠廃寺全体図

らに支尾根を挟んだ南の建物群である。

　伽藍中央の池跡を「コ」の字形に取り囲む建物群では、小谷の北岸に並列した仏堂の礎石建物BⅠ・BⅡが配置され、西側には仏堂の礎石建物A、南側には住坊の礎石建物Eと隣接して平場2が位置する。さらに、東側に延びる南支尾根の北側斜面に沿って、厨の礎石建物F、門の礎石建物Gが配置されている。北側の遺構群としては、「L」字形に配された仏堂の礎石建物CⅠ、付属建物の礎石建物CⅡ、住坊の礎石建物Hがある。そして、池周辺の建物群の南には支尾根を挟んで位置する住坊の礎石建物DⅠ、仏堂の礎石建物DⅡの建物群がある。

　これら建物群は最終的な伽藍の結果であって、建物は一斉に建てられたわけではない。建物には時期差があるとともに、池跡や通路など付帯施設が順次造られていったのである。


　大知波峠廃寺を説明するにあたって、まずは伽藍変遷を概観した上で各遺構群ごとに詳細を見ていきたい。なお、以降の記述は建物機能を明らかとする表記によって進める。たとえば、「礎石建物BⅠ→仏堂BⅠ」という具合である。

2　伽藍の変遷

　大知波峠廃寺は十世紀から十一世紀の伽藍形成期を中心に、建立以前の八世紀後半の段階、廃絶後に行われた跡地利用の十二世紀後半以後の三つの段階からなる。十世紀から十一世紀の伽藍形成期は、一棟の建物から始まり続々と建物が建立される十世紀中頃と、伽藍の再編される一〇〇〇年前後の二つの画期があって、二つの画期を境に伽藍形成はⅠ～Ⅲ期と変遷していく（図9）。

寺院建立以前

大知波峠廃寺で堂宇が続々と建立されるのは、十世紀第2四半世紀以後のことであるが、それらに先立つ八世紀後半の須恵器坏蓋と鉄鉢形の須恵器が住房Eの整地土から、またEに隣接する段状遺構から同時期の土師器甕が出土している（図41）。

遺構が検出されていないので建物が存在していたのかどうかは不明とせざるを得ないが、須恵器採集が行われたのは、住房E周辺だけで広がりはみられないので、建物があったにしても大規模ではなく、住房E周辺のかぎられた箇所に止まる小規模なものであったと想像される。そして、煮炊具の土師器甕の出土によって定住可能な建物の存在が想定できようし、供養具の鉄鉢形須恵器の伴出から仏教信仰にかかわって遺されたことは明らかである。八世紀後半以降の時期から恒常的な施設の設置とともに、常なる仏教の山林修行が開始された、と考えてよい。そして、大知波峠廃寺以外にも、旧普門寺伽藍の元々堂周辺や石巻山奥之院、本坂蛇穴から奈良時代の須恵器が採集されているので、湖西連峰全域にその活動が及んでいたことが推測される。

伽藍形成期

伽藍形成期の変遷を述べておけば、Ⅰ期は最初に創建された仏堂ＢⅠだけの十世紀第2四半世紀～十世紀中頃の時期。Ⅱ期は、続々と礎石建物が建立され池や磐座などが付加される十世紀中頃から後半の時期。Ⅲ期は、新たな礎石建物の建立とともに伽藍が再編成される十一世紀前半の時期。Ⅲ期以後の十一世紀後半になると、新たな建物の建立は行われずⅢ期の伽藍が維持されるものの、全体に遺物の量が激減し衰退傾向となっていく。

伽藍変遷の意味については、第Ⅶ章であらためて詳述するので、ここでは概略を述べるに留めて

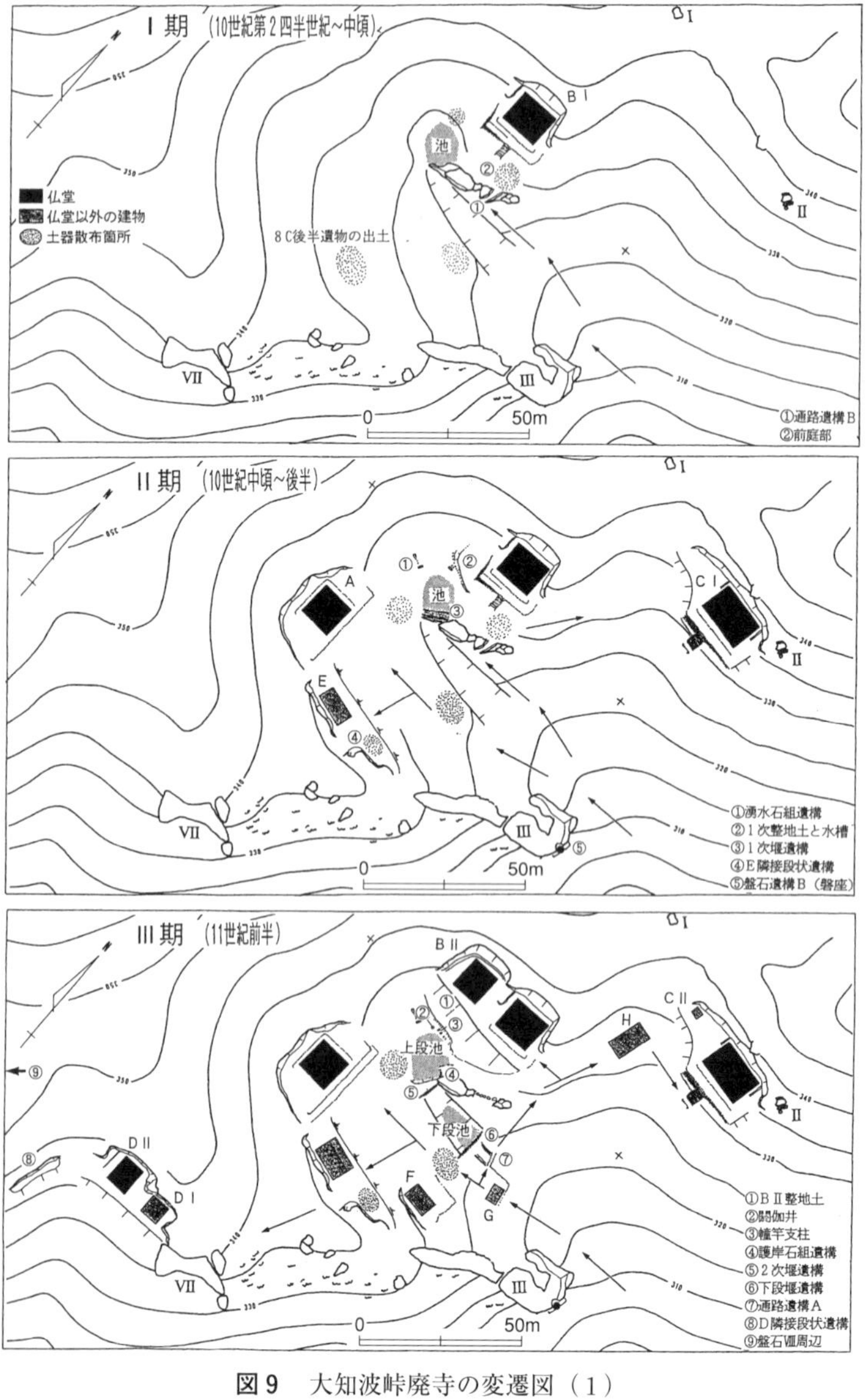

図9　大知波峠廃寺の変遷図（1）

おく。

①大知波Ⅰ期（十世紀第2四半世紀〜中頃）

最初に建立された建物は、一軒の二重石垣基壇で、南面する仏堂BⅠである。石垣基壇は高い箇所で二メートルを測る。その他の建物の痕跡は確認されていない。北に山を背負い、南面前方に小谷と池、東に開放された谷という立地構成をもつ。正面に自然露頭のチャート巨石があり、西脇に湧水箇所を含む自然の池を配し、東脇に巨石裾を削り緩やかなスロープの通路Bをつくる。巨石との間には、前庭部とでもよぶべき平場を形成している。Ⅰ期の伽藍は、仏堂一宇と前庭、池、巨岩の構成となっている。

出土遺物は、建物の他に前庭部と池北側、そして後の下段池跡南岸域に散布している。全体に出土量は少ない。出土している器種は、緑釉陶器の有蓋碗・香炉・花瓶と灰釉陶器深碗・托・碗・皿、墨書土器、土師器鍋がある。墨書土器は、墨書土器全体の二・三%にあたるわずか八点が池周辺より出土しているにすぎず、仏堂BⅠからは一点も出土していない。緑釉陶器と灰釉陶器深碗・托などは仏堂に属する供養具とみてよいものの、他の灰釉陶器碗・皿、墨書土器、煮炊具の土師器鍋などは、前庭部と池北側、下段池跡南岸域の野外で使用されたのであろう。Ⅰ期の遺物は、仏堂と野外で使用されている。

②大知波Ⅱ期（十世紀中頃〜後半）

仏堂BⅠが引きつづき存続し、対岸に新たに東面する一重石垣基壇の仏堂A、北側には二重石垣基壇で南面する仏堂CⅠという二棟の仏堂が建立される。Ⅱ期の仏堂はⅠ期の仏堂BⅠと同じ石垣基壇とし、高さも三三四メートルでほぼ同じとしている。仏堂相互は高低差もなく目視できる範囲に収まり、方位重視の指向性をもって水平に配されている。仏堂以外には、北面する住坊Eが、仏堂Aの脇へやや低い細長く造成した平場に建てられた。

最東端の傍示岩の巨岩根元に孔を穿ち、祠を安置した磐座も新たに鎮座する。Ⅰ期の水が溜まっていただけの窪地に手を加え、水関連の施設を設けている。まずは、池脇の巨岩の西裾を削り、柵と石垣を設け水を溜め、池奥の湧水箇所に石組みを設けている。北側の州浜には、池に突き出て一次盛土が行われ、据え置き水槽と足場板を置いている。池辺からは墨書土器や灰釉陶器碗・皿が大量に出土する。

③大知波Ⅲ期（十世紀末～十一世紀前半）

Ⅲ期は新たに七棟が建立されるだけでなく、Ⅱ期の伽藍に大きく改修を加え変容がいちじるしい。Ⅲ期の遺構年代は、細かくは一〇〇〇年前後と十一世紀第1四半世紀に分けることができる。

すなわち、一〇〇〇年前後に仏堂BⅠの石垣基壇を埋めて仏堂BⅡが建立され、同時に上段池の改修や仏堂A石垣基壇の改修、厨F・住房DⅠの建立とD隣接段状遺構の造成が行われる。そして十一世紀第1四半世紀には、門G・付属建物CⅡ・住房H・仏堂DⅡの建立、通路A・盤石Ⅶ周辺・下段池の設置が行われている。

まず、仏堂BⅠの石垣基壇を埋めて仏堂BⅡが並列して建立される。その際に、仏堂BⅡの整地土がⅡ期の一次盛土や水槽を埋め、新たな石垣堰と護岸石組遺構、閼伽井を設置し、加えて幢竿《どうかん》支柱を据えている。池からは剣・刀・弓・曲物などの木製品が出土している。埋められた一次盛土と新たな護岸石組遺構はいずれも池に突き出た同種の遺構なので、Ⅲ期の改修においてもⅡ期の池関連遺構を場所を変え引きつづき設置している。さらに、通路Bをも埋めて仏堂BⅠ前庭部を石列で

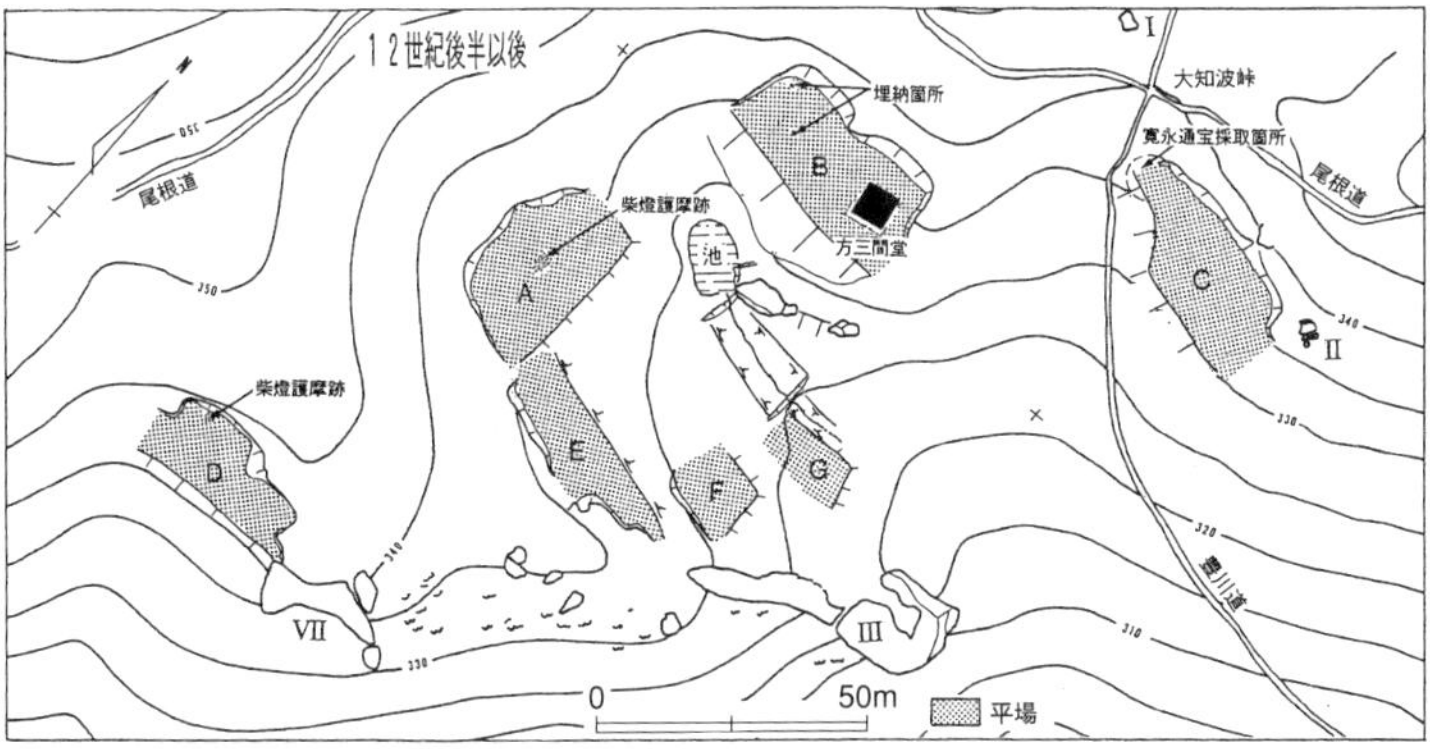

図10　大知波峠廃寺の変遷図（2）

囲い、仏堂BⅠが池泉や岩と一体となった外観へと変貌させている。改修は仏堂Aにも行われ、二重の基壇に改修している。仏堂BⅡ以外の新たに建立された建物は、厨F、門Gと小谷をまたぐ土橋の通路A、そして下段池を新造している。

小尾根によって隔てられた南側の建物群は、仏堂DⅡと住房DⅠが同じ平面に並んで建てられている。北側の建物群では、十一世紀第1四半世紀に既存の仏堂CⅠに並列したCⅡと、L字形に住房Hが低位に建立される。CⅡからの出土遺物は少なく、一間四方の小さな施設である。Hは礎石も不定形で横長の建物が想定されるので、住房Eなどと同じか、または仏堂・住房以外の施設なのかもしれない。

廃絶後の跡地利用

十一世紀末頃に大知波峠廃寺は廃絶する。建物の焼失あるいは朽ち果てた痕跡は確認されていないので、建物は解体され尊像とともに他の場所に移築され散逸していったのであろう。そして、廃絶から半世紀ほど経た十二世紀後半の境内は、建物平場の奥半分が風化砂礫土によって埋まりつつあり、前方の石垣や礎石・須弥壇が多少判別のつく程度頭を出す状況にあったことが、調査からうかがえる。建物跡は七カ所ほどの平場として残ったのである(図10)。

十二世紀後半に、埋まりかけた仏堂BⅠ跡地に方三間堂が建立された。仏堂BⅠ跡地に隣接する仏堂BⅡ跡地では、十二世紀後半の長頸瓶を埋納している。方三間堂の隣は埋納を行う場となった。

池を挟んだ仏堂A跡地では、須弥壇跡と周囲に焼土が残されている。十三世紀前半から十四世紀後半には、柴燈護摩などの、野外で行われる修法の場となっていたようである。南側の仏堂DⅡ跡地でも、十二世紀後半から十三世紀前半に柴燈護摩を行っていた痕跡が見つかっている。

ほかに、上段池跡周辺からは十三世紀前半から後半の山茶碗が出土し、厨F・門G跡地から十五世紀後半の常滑産甕が出土している。

廃絶後の大知波峠廃寺跡地では、方三間堂を建立することから、新たな展開が開始され、埋納や柴燈護摩を行うなどし、十五世紀後半に跡地使用を終えたのである。

Ⅳ　発見された建物跡

前章で述べたように伽藍は、池周囲の中央とその北側と南側の三つの建物群から構成されている。

伽藍中央の池跡とその脇に露頭する巨岩を「コ」の字形に取り囲む建物群は、池と巨岩を中心に、小谷の北岸に並列した仏堂ＢⅠ・ＢⅡが配置され、西側には仏堂Ａ、南側には住坊Ｅと隣接している。さらに、東側に延びる南支尾根の北側斜面に沿って、厨Ｆ、門Ｇが配置されている。これら建物により囲まれた真中は遺構の検出がなく、広い空き地として池の南岸広場を形成している。

北側の遺構群としては、池周辺の建物群とは斜面の小さな尾根によって仕切られた恰好で「Ｌ」字形に配された仏堂ＣⅠ、付属建物ＣⅡ、住坊Ｈがある。

そして、池周辺の建物群の南には支尾根を挟んで位置する住坊ＤⅠ、仏堂ＤⅡの建物群がある。池周辺と北側建物群はいずれも目視できるが、南側建物群は尾根によって隔てられ両者からは見えない。なお、建物を説明するときに用いる「間《けん》」は、長さの単位ではなく、柱と柱の間を示す。たとえば「五間」では、柱の数は六本となる。

1　池跡周囲の遺構群

仏堂BⅠ

池跡の北側にある仏堂BⅠは、Ⅰ期の十世紀第2四半世紀に大知波峠廃寺で最初に建立された。十世紀第1四半世紀の灰釉陶器碗が石垣埋土最下面から出土しているが、遺物の大半は十世紀第2四半世紀なので、十世紀第1四半世紀でも十世紀第2四半世紀に近い時期のものと考えられる。

創建された正面五間×側面四間の正面孫庇とする仏堂BⅠは、廃絶後の十二世紀後半に建てられた三間×三間の礎石建物と重複している。桁行きの礎石間は二・五メートルほど、梁行きの礎石間は前方より二・七メートル、二・五メートル、二・七メートル、二・五メートルなので、正面一二・五メートル、側面一〇・四メートルの規模となる。創建時の建物にともなう礎石は一七個、後の建物の礎石として再利用されている礎石一個の計一八個が創建時の位置で検出された。礎石は四方七〇センチ、厚さ三〇センチの方形割り石でチャートを石材としている。岩盤を浅く削った窪みへ、おおむね三三四・一九メートルから三三四・一六メートルの三センチ内の誤差に収まる高さに礎石を据え固定している。桁行き、梁行きを方位に沿わせ南面する。

造成は、斜面上部から大きく岩の斜面を掘り、高さ三三四メートルで幅一六メートルの方形に平坦を削り出している。削り出た礫を前方に押し出し、砂礫が流れないように石垣を結っている。削り出しの際には、建物後部の斜面側に雨落ち溝を削り出している。雨落ち溝は、屋根から落ちる雨を流すだけではなく、もっぱら斜面からの流れ込みや滲み出す水を排出していた。

建物内には、石列で一段高くした幅七・四メートル、

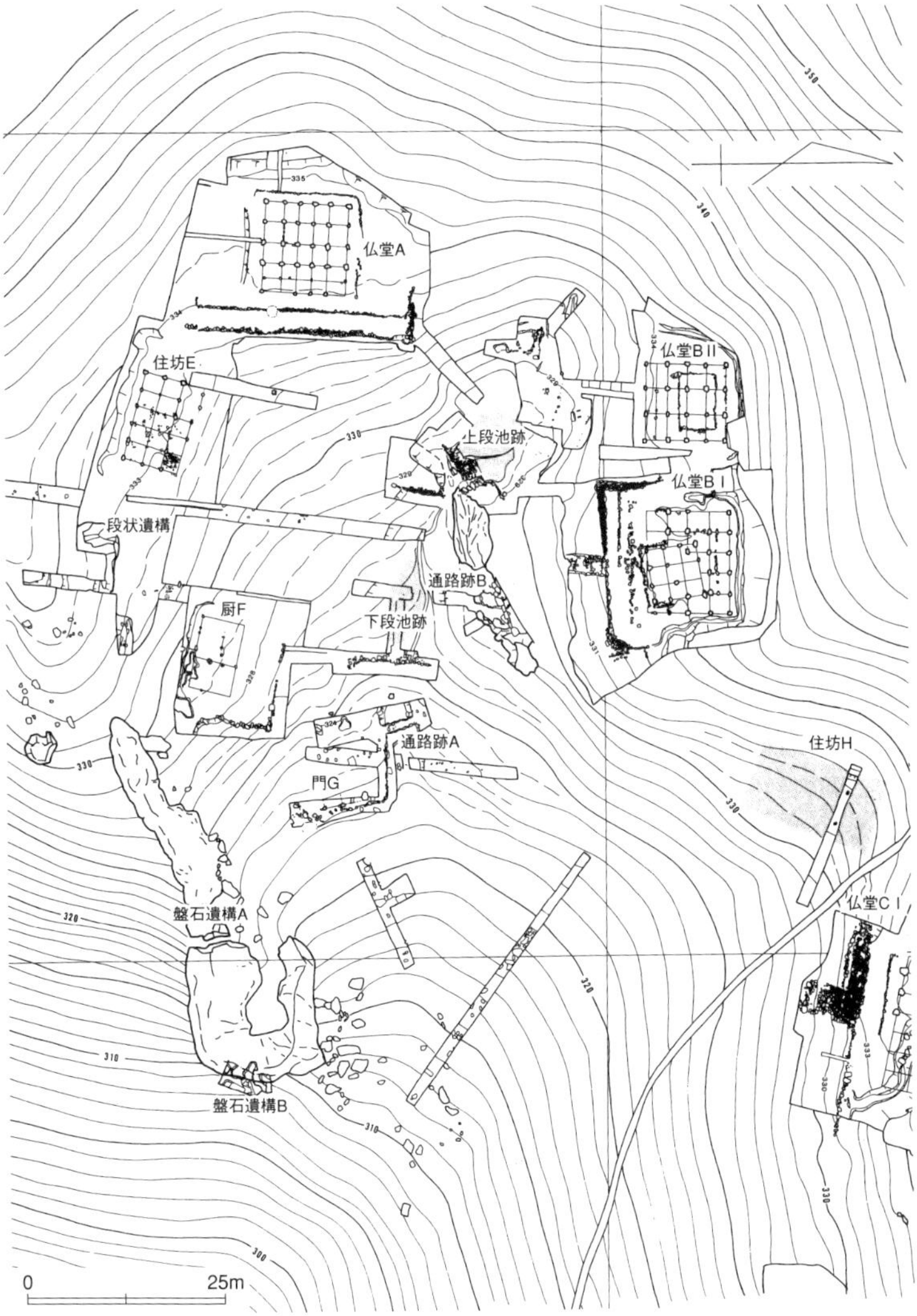

図11　池跡周囲の建物群

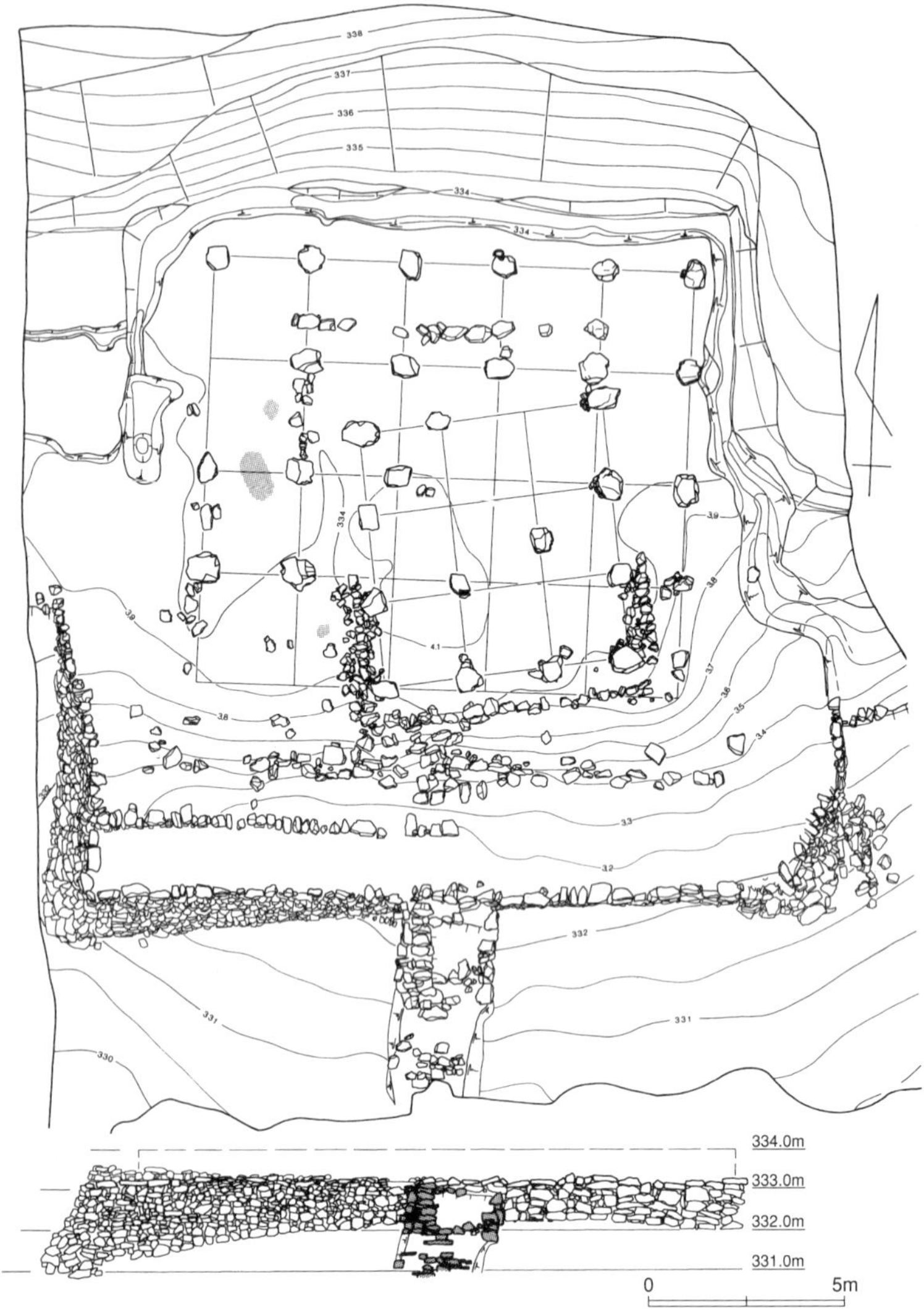

図12　仏堂ＢⅠ実測平面図と石垣基壇正面図

奥行き四メートルの長方形を呈する須弥壇が設けられていた。須弥壇の検出により仏堂であることがわかる。身舎の北側桁行列の柱が須弥壇に取り込まれている。須弥壇北側にはおおむね長さ五〇〜七〇センチ、幅四〇センチ、厚さ三〇センチの石を岩盤の上に置き並べている。高さは一定してはいないが、礎石よりわずかに高い。須弥壇西側の梁行き間に径二〇センチないしは三〇センチ、厚さ一〇センチほどの礎石より低い石を並べている。同様の石列により須弥壇を床より二〇センチないしは三〇センチと一段高くする例は、後述する仏堂BⅡ・A・CⅠ・DⅡでも確認されている。

建物の正面二メートル前方には、長さ五〇センチ、幅三〇センチ、厚さ三〇センチほどの大きさの割り石を東西に一六メートルほどにわたって並べ、基壇を構成している。石列は両側面にも認められるので、前半分を取り囲む基壇であった。石積みはかなり崩れており、最下段の石列を残すだけであるが、もともとは二段ないしは三段ほどで五〇センチの高さに石が積まれていた（図12立面図の破線部）。基壇のさらに三メートルほど外側には、押し出された土や礫を留めるため石垣が結われている。

石垣の標高値はほぼ水平で、基底部で幅二〇メートル上端部で幅一九メートルを測る。中央の階段より東側の石垣は、正面の高さをほぼ一・二メートルとする。東隅は崩れ石材が散乱するものの、東側面の石垣は高さ一・二メートルから斜面に沿うように徐々に低くし、奥行き五メートルを測る。階段より西の石垣は、一・二メートルから二メートルへと高さを増し、西側面の石垣は高さ二メートルから斜面に沿うように低くし奥行き八メートルを測る。もともと南西に傾斜する斜面を東西に横断して造成しているため、必然的に石垣全体が東から西にかけて高く積まれることになる。

石垣は中央の階段を境に東西で石の大きさが

違っている。東側の石垣は、幅五〇《セン》《チ》、厚さ二〇《セン》《チ》の横長の石材を用い、垂直に交互に積み上げ堅固である。一方、西側の石垣は、基底部を同様の大きさの石材とするもの、半分もしくは三分の一程度の大きさの石材を、勾配をもたせて積み上げている。西の側面にいたっては、石積み線が凹んでいたり、上部に小さな石が積まれるなど不安定な箇所がある。おそらく、西側の石垣は一度崩れ、修復時に積みやすくするため石を割り、勾配を設けたのであろう。東西の石垣の違いは、創建石垣と修復石垣の違いなのである。これら石垣と先の基壇により、全体に二重基壇の様相となって仏堂BIを荘厳にしている。

階段は、幅二・五《メー》《トル》、長さ八・五《メー》《トル》の規模で石垣中央に取り付いている。階段の多くの部分はすでに流失していたが、上部西半分と下方の一部が残っている。西側の階段側面観察から、石の積み重ねにより徐々に石垣上部に取り付く段面をつくり、両側には縦長の耳石を配している。上部東半分の流失箇所から間層を挟んで下層にもう一つ古い階段が検出された。最初の階段は部分的に残るだけで、西側石垣と同様に崩れたのであろう。そして、修復時に当初の階段を埋めて新たに階段を設けたのである。

石垣と階段を覆っていた覆土は、礫と礫混じりの褐色土が交互に堆積した土層であるが、この覆土を当初は自然堆積によるものとみなしていた。しかしながら、自然堆積とみると、不都合な点が多々見受けられる。まず、石垣を覆うほどの自然堆積ならば建物の平坦面全体をも覆っていなければならないのに、平坦面前方の堆積はわずか二〇〜三〇《セン》《チ》ほどであること。石垣西側がさして大きくもない石の積み上げで二《メー》《トル》余にも及ぶ高さであるのに崩壊しておらず、反対に大きな石の積み上げで高さ一メートルほどの石垣東隅が崩れていること。石垣覆土中からは多くの遺物が出土しているが、その出土層位は、覆土の最上層からは埋納された緑釉陶器鉢・碗・灰釉陶器長頸壺が一括出土している以外は、石垣覆土最下層の黒褐色土から集中して出土し、まんべんなく出土しているわけではないこと。これらのことから、石垣覆土は自然堆積ではなく人為的な埋土層であることが示唆される。後述の仏堂BⅡは十世紀末から十一世紀初頭に建立されたので、その際に仏堂BⅠの石垣が埋められた可能性が高い。荘厳の石垣基壇を埋めてしまうことは、仏堂BⅠの性格が大きく変化したことをうかがわせる。

通路B

仏堂BⅠの前方には、池脇の巨岩との間に前庭部の平場がある。遺構の存在はうかがえず空き地なのであろう。前庭部の南東には仏堂BⅠとともにⅠ期の十世紀第2四半世紀に設けられた通路Bが位置する（図11参照）。

池脇の巨岩は、もともと三〇メートルに及ぶひとつづきの岩塊で、それを一〇メートルの幅に大きく削平し緩やかなスロープの通路Bを設けている。削平した砂礫は南側に押し出し、下段池の北岸を形造っている。通路Bは幅一・五メートルほど、長さ六・七メートルを測り、北から南へ一五度の勾配で下る。東側には通路に平行して排水溝を削り出す。下って下段池にいたるが、池には橋などはないので、谷沿いに下って土橋の通路Aにいたる。

通路Bは、仏堂BⅡの建立にともなってⅢ期の十世紀末から十一世紀初頭に、前述の仏堂BⅠの石垣とともに人為的に四〇センチほど埋められ通路が閉鎖されている。平場肩部に一メートルないしは一・五メートル四方、厚さ四〇センチの大きな岩が八つほど並べられ、それまでの景観が大きく変化している。

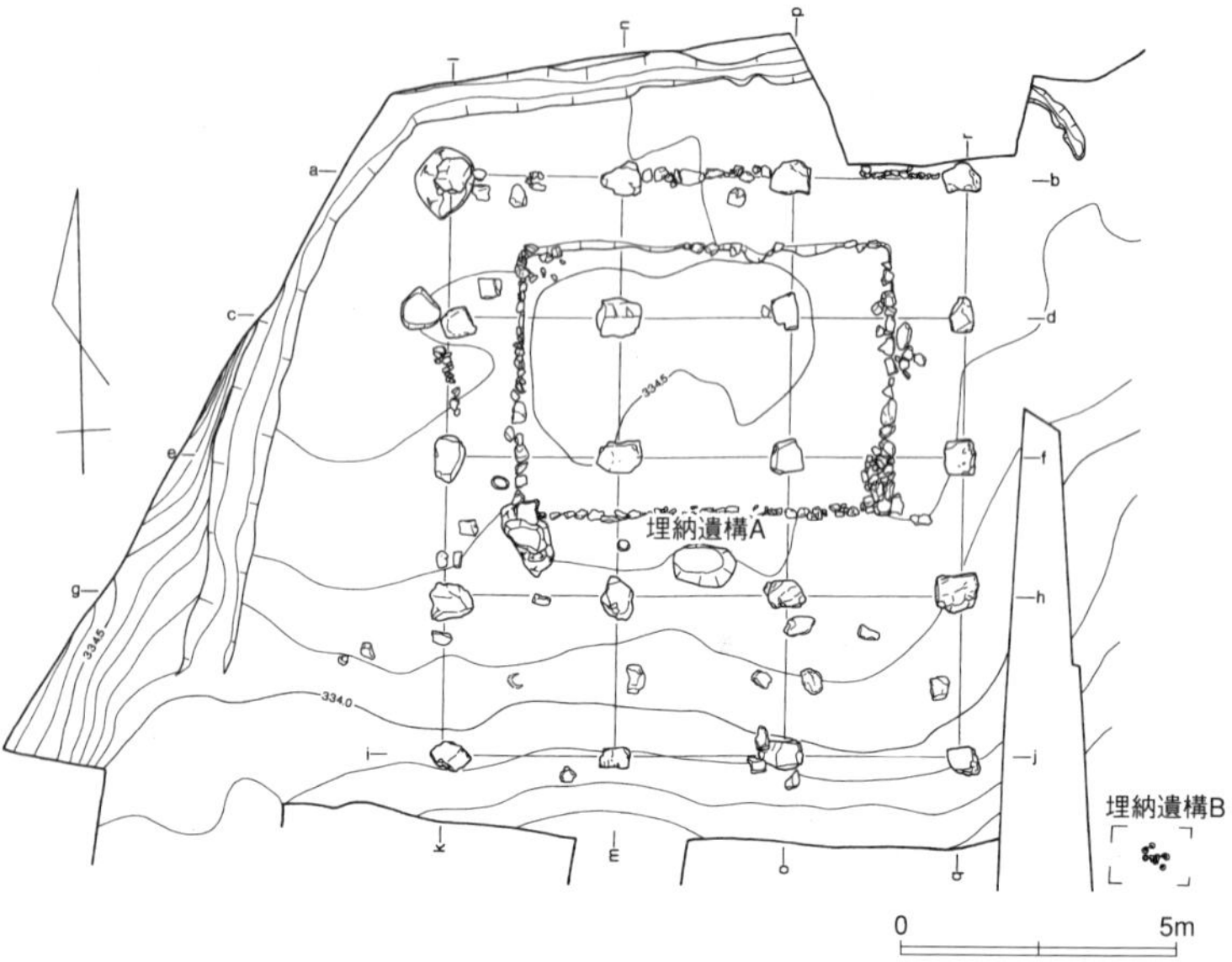

図13　仏堂ＢⅡ実測平面図

仏堂ＢⅡ

仏堂ＢⅡは、仏堂ＢⅠの西側八《メートル》に並列してⅢ期の十世紀末から十一世紀初頭に建立された。石垣はともなっていない。建物外の南東には、仏堂ＢⅡと同時期の十一世紀前半頃の埋納遺構、須弥壇正面には十二世紀後半の埋納土坑が所在する。

仏堂ＢⅡの礎石はすべて残存し、石列で一段高くした須弥壇も検出された。礎石はおおむね六〇《センチ》四方で厚さ三〇《センチ》の方形を呈している。建物は北から一分三〇秒ほど東にずれてはいるが、おおむね方位に沿っている。建物規模は、正面三間×側面四間の正面孫庇の平面形態である。桁行き柱間は、三・一《メートル》で、梁行き柱間は二・四《メートル》であるが、孫庇の梁行き柱間が二・七《メートル》と広くなるので、正面九・三《メートル》、側面九・九《メートル》の大きさとなる。孫庇部分の中央に桁行きに束石が四つ列をなし、前方一・二《メートル》後方一・五《メートル》の位置に配してい

図14　仏堂ＢⅡ全景（南西より）　身舎の須弥壇は石列で一段高くし土間とするが、礼堂部の孫庇は床束礎石があり床張りであることがわかる。

る。孫庇部分の前後の礎石では比高差四〇《センチ》ほどであることから、孫庇部分は板敷であったことがわかる。束石は梁行き筋上にはなく、束から二列のように柱筋を挟んで八〇《センチ》間隔に二つ一組で設置されている。もともと、柱筋を挟んで二つ一組で束石を置いていたものと推測される。方三間部分は、梁行きよりも桁行きが長いので横長の平面形となっており、中央には礎石四つを取り込んで須弥壇が設けられている。最奥の桁行きの柱間と最も西側の梁行きの柱間中央には、大小の石列が配され後戸が設けられている。

仏堂ＢⅡの北側と西側には、溝が配されている。幅七〇《センチ》から一《メートル》ほどで深さ二〇《センチ》の逆台形状の断面となっている。西側の溝が徐々に礎石建物跡より離れていくことや、溝からはつねに水が湧いていることから、雨落ち溝の機能ばかりではなく斜面や岩盤から湧く水の排水も兼ね備えていた。

　須弥壇は、石列によって二〇《センチ》ないしは三〇《センチ》床面より高くし、桁行きに六・九《メートル》、梁行きに四・五《メートル》の長方形の平面形をなす。石列は二〇《センチ》の割石を正面と側面に巡らし、裏面は中央に若干認めるのみであった。東側側面の中央下には段状に割石を配している。須弥壇とそのまわりは、一・二《メートル》幅の回廊状の土間となる。須弥壇は整地後に礫混じりの褐色土を盛り築いているが、版築は認められない。須弥壇の礎石は盛土を掘り込んで据えられており、礎石の一部には高さを合わせるため割石を敷いているものもある。

　造成状況を確認するために正面斜面に二本の試掘溝を配した。試掘溝は仏堂BⅡ盛土層を掘り抜いて旧地表までを確認している。石垣は確認されなかったが、斜面の切り盛り造成により平坦面をつくっていることが確認された。仏堂BⅡの造成は、斜面裾から五・五《メートル》ほどの池内に土留めの杭列を配し、須弥壇中央あたりから上部の約三〇度の岩盤斜面を削平している。盛土裾最下層には頭大ほどの石が堆積している。全体に盛土約三〇度勾配で、池を六《メートル》ほど埋めている。仏堂BⅠ側の最下層からは、新たな盛土層が検出されている。この盛土は、池に張り出すように平たく堆積しており、盛土に対応する杭列も検出されている。この盛土は、最下層であるから仏堂BⅡ以前の時期なので、仏堂BⅠにともなうように新造された遺構である。

　さて、試掘溝では岩盤上の自然堆積層の黄褐色土まで掘り下げたが、この黄褐色土層直上面は仏堂BⅠの石垣据え付け面であることから、仏堂BⅠの後に仏堂BⅡが建てられたことがわかる。そして、仏堂BⅡの盛土層が仏堂BⅠの石垣を埋めているので、仏堂ＢⅡの造立の際、二重石垣基壇の仏堂ＢⅠの景観が激変したことがわかる。

仏堂ＢⅡの須弥壇正面土坑から十二世紀後半の長頸壺一個が出土した。また北西隅の雨落ち溝より十二世紀後半の鳶口長頸瓶が出土し、土坑等の遺構は検出されなかったが、溝より二〇センチほど高い位置より出土しているので仏堂ＢⅡにともなうのではなく、後世の所産である。南東三メートルからは、十世紀末から十一世紀初頭頃の土師器小型瓶と坏が固まって五つ組みとなって出土している。仏堂ＢⅡの建立時期であり、整地層を掘り込んで埋納されているので地鎮祭に供したと思われる。

仏堂Ａ

Ⅱ期の十世紀中頃から十世紀後半に建てられた仏堂Ａは、伽藍中央池の南西側に位置している。調査開始時には、石垣の上端部が露出し平坦面も広いことから、中核建物跡と考えられていた。仏堂Ａは、建立された正面を東面させる。方位は北から三分四〇秒ほど東にずれ、標高三三四メートル〜三三五メートルに建てられている。南面する仏堂ＢⅠ・ＢⅡと池を挟んでＬ字形の配置となり、これらの仏堂は三棟ともに標高値を同じとしている。

仏堂Ａの位置は、南北の主尾根と東西に延びる支尾根の変換箇所にあるため、北東方向に浅い谷間を発生させている。基盤は、北側を岩盤、南側を黄褐色粘質土とし、その間の窪みに黒褐色土が自然堆積している。この黒褐色土は下段池跡周辺でも確認されるので、仏堂Ａより下段池跡に向かって浅い埋没谷が走っていることがわかる。埋没谷には水が集まるようで、つねに湿気を帯びてシダ類などが群生している。仏堂Ａの造成は、浅い谷の両側斜面を削平して自然堆積した黒褐色土を埋め、長さ二九メートル、奥行き一七メートルにわたり整地を行っている。他の建物にくらべて仏堂Ａは広く

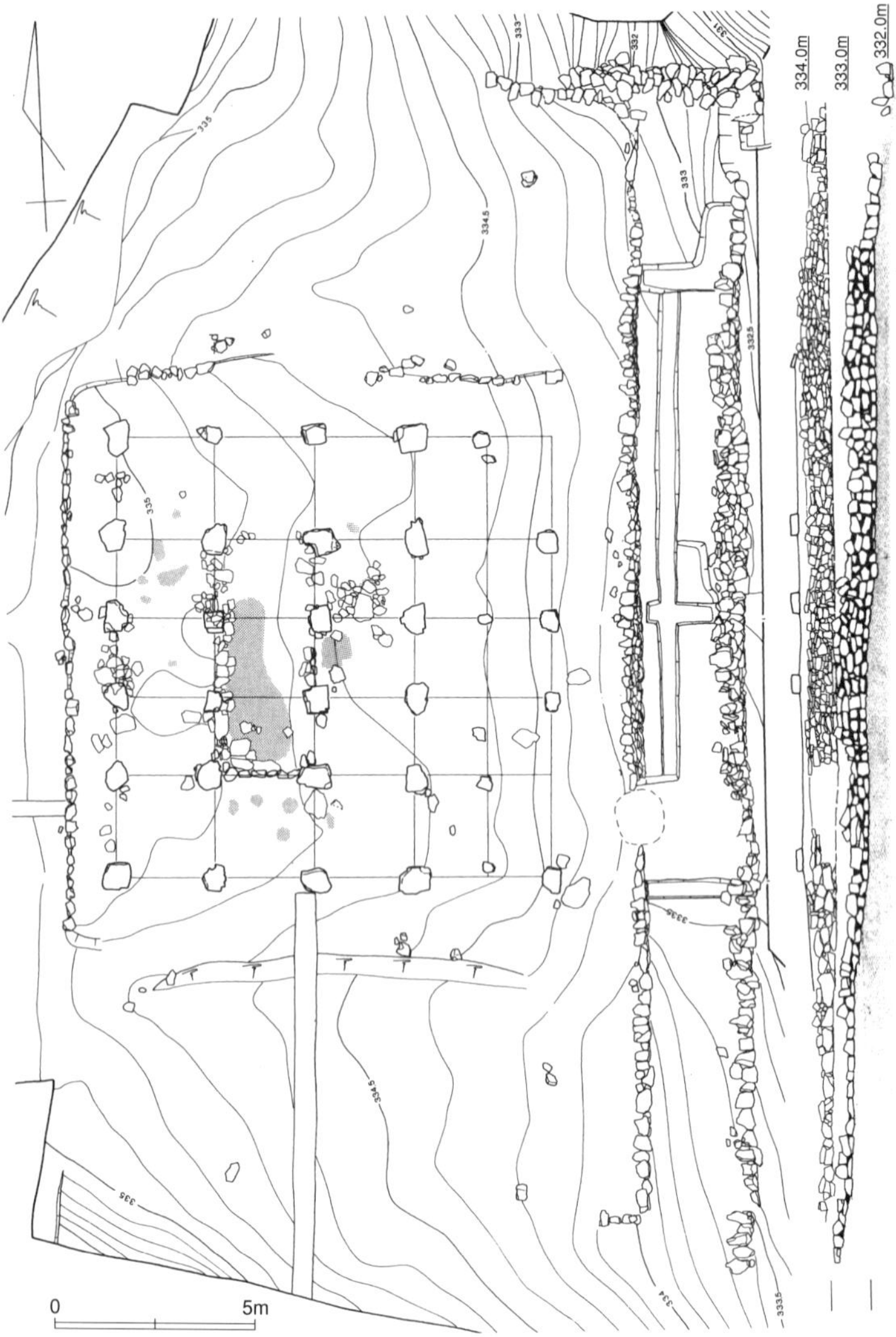

図15　仏堂A実測平面図と石垣基壇正面図

整地を行い、東側の正面に石垣を結っている。覆土は、奥ほど堆積土が厚く前方は薄い。外側石垣の上半部は当初より露頭していた。掘り下げの過程で、須弥壇周辺に集石箇所や焼土が見られ、建物廃絶後も跡地を利用されている状況がうかがえた。

建物規模は、正面五間×側面四間の正面広庇で東面している。桁行き柱間は、両側が二・四メートルで中三間が一・九メートルと短く、全測一〇・五メートルを計る。梁行き柱間は、前方の広庇部で三・四メートルとし、奥三間は二・五メートルと共通で、全測一〇・九メートルを測り、全体に正方形状を呈する。礎石は、最前列の桁行と束石の一部が失われている他、すべて残存していた。広庇部の束石は、前方一・六三メートル後方一・七七メートルの位置に据えており、北から三列以外は梁行きの筋上にはなくずれている。おそらく、仏堂BⅡのように柱筋を挟んで二つ一組で束石を置いていたものと推測される。礎石は、おおむね七〇センチ四方で厚さ三〇センチの方形を呈しており、最前列の礎石は五〇センチ四方と小振りである。床面は石垣方向に向かって、四度ほどの緩やかな傾斜となっている。

建物周囲の北側と西側には、二〇センチ×三〇～四〇センチ×高さ二〇センチほどの石を一列に配し、一段高くした基壇を設けている。南側に基壇の石列はなく緩やかに傾斜し、東側正面も同様に緩やかに傾斜し石垣となる。全体に一四メートル四方の正方形に基壇を形作っている。基壇のまわりから雨落ち溝は検出されなかったが、岩盤を削平するのとは違い谷を埋めて整地されているので、排水を考慮しなくてもよかったのであろう。建物平坦面は横に広いので、両側を幅七メートルほど、それぞれ奥行き北側一三メートル・南側一五メートルの広さを空き地としている。

身舎の南梁行きに石列が検出されていることか

ら、正面五・六七メートル、側面二・四六メートルの長方形に須弥壇が形造られていた。須弥壇正面床面直上からは、建物にともなって焼土・焼石とともに多くの土師器や灰釉陶器・鉄製品が発見された。

東面する石垣基壇は二重に巡る。内側の一次石垣基壇は、全長二七メートルにわたってほぼ直立に積み上げられている。北側から南側へ一六メートルほどを高さ一・一メートルとし、以後地山の傾斜に沿って徐々に低くする。石垣は、幅五〇～六〇センチ厚さ三〇センチの石を基部に据えて、大小の石を積み上げている。側面の石垣は、北側面を四メートル・南側面を一メートルほどと延ばす。外側の二次石垣基壇は、一次石垣の三メートル外側に全長二九メートルにわたって設置され、北隅の五メートルほどを倒木により失っている。高さ一・五メートルほどに大小の石を積み上げ、傾斜に沿って徐々に高さを低くしていく。南側側面はなく、北側側面の石垣は五メートルほどとする。両石垣とも階段を付設していない。出入りは急斜面の北側ではなく、南側の住坊Eとの間からとなろう。

両石垣基壇の関係は、標高三三三・六メートルから三三三・七メートルあたりで内側の一次石垣基壇を四〇センチほど人為的に埋めていることが確認された。一次石垣基壇の三メートル外側に二次石垣基壇を八〇センチほどの高さに垂直に積み上げている。つまり、最初に設けられた一次石垣基壇を半分ほど埋めて、三メートル外側に二次石垣基壇を増設しているのである。断面でみると、階段状になるように二次石垣が積まれており、正面からは二重基壇の状況となる。二重の石垣とすることについて、位置する地盤の状況から一重の石垣だけではもたず土木的に不可避であったとは考えらないので、外観的な必要から改修されたのであろう。他の仏堂BI・CIでも、基壇と石垣の間が三メートルと同一の数値を示すことから、石垣基壇相互は似通った外観を成してい

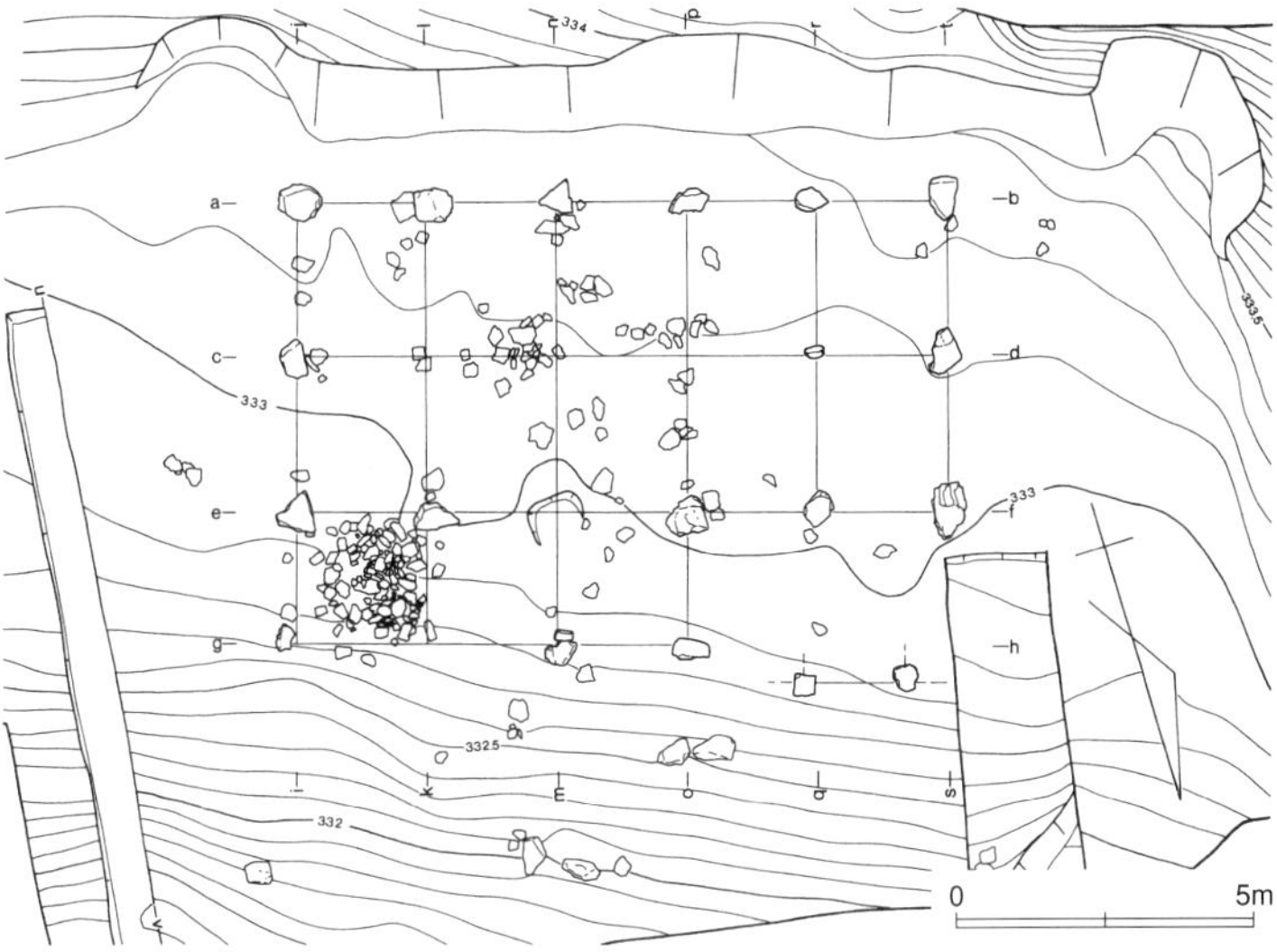

図16　住坊E実測平面図

る。

住坊E　池跡の南に位置し、仏堂BⅠ・BⅡ・Aとともに、池跡を「コ」の字形に取り囲んでいる。住坊Eは他の礎石建物と同様に斜面を切り盛りして造成されているが、削平範囲は建物まわりだけでなく帯び状に三五《メートル》にも及んでいる。横長の削平面の西側に住坊Eを配置し、東側には建物痕跡はないものの焼土や多くの遺物が出土していることから、露天で平場を使用していたことがうかがえる。

住坊Eは、大きさもまちまちな礎石を用い、須弥壇をともなわない横長の建物で、北東隅の柱間に集石施設を設け建物内を石列で区画している。増改築を行ったことも推定される。これまでの須弥壇をともなう仏堂BⅠ・BⅡとは、明らかに性格の異なった建物を想定できる。これは、多孔壺や六器などの仏供器がさして見られない出土遺物の状況からもうかがえる。煮沸具の土師器鍋などや焼土痕などが皆無ではあるものの、集石施設および区画を内包した建物であることから、居住関連施設なのであろう。

住坊EはⅡ期の十世紀中頃に建てられ十一世紀前半に改修、十一世紀中頃まで存続が確認される。東西に延びる支尾根の北側斜面を、東西方向に一八メートルほど削平して平坦面を形成している。削りだした残土を前方に押し出し整地しているが、石垣はともなわない。礎石は最前列の桁行きの一部が失われている他は残存していた。北を正面とし、北から一七度ほど東に振れている。礎石は、五〇センチから七〇センチと大小あり、方形や三角形のものとまちまちで厚さは三〇センチである。身舎の中央桁行き礎石は二〇センチ～三〇センチ大の小さなもので、礎石が確認されない箇所もある。桁行き柱間は、二・一五～二・一六メートルで正面一〇・七八メートルを測る。梁行きは身舎で二・四六メートル、庇部で二・一メートルとし側面七・〇二メートルとするが、北西隅の二カ所の礎石の柱筋がずれており、梁行きで二・七メートル、桁行きで一・七メートルと数値も異なっている。おそらくは、増改築を行っているのであろう。身舎をほぼ平坦とし庇部で緩斜面となる。須弥壇は検出されておらず、間仕切りと思える不規則な石列が所々に見受けられた。

北東隅からは、おおむね一・八メートル四方の方形に割石を配した集石遺構が検出された。当初は、集石墓と思われたが、周辺の出土遺物は建物にともなう時期のものがほとんどで後代のものはない点や柱間に納まることから、建物にともなう施設と判断した。集石遺構は、二〇～三〇センチ大の割石を方形縁辺に配し、内側に小ぶりの石を詰め平坦としている。集石内や周辺から焼土などは検出されていない。

建物の東隣にトレンチを配して、整地土の状況を観察した。整地土からは、灰釉陶器と須恵器が出土している。図41の須恵器坏蓋と鉄鉢型鉢は、八世紀後半の湖西窯産に比定されることから、当地がすでにその時期より使用されていたことが判明する。

E隣接段状遺構

住坊Eの東側に、岩盤を切り盛りした奥行き五メートル、幅一〇メートルの平坦な空間を設けている。段状遺構には建物痕跡はなく、露天で使用された二カ所の焼土が確認されている。住坊Eと段状遺構の間の五メートルほどの空き地は、緩やかな傾斜となって上方に向かい通路となっている。この斜面部通路からは、多くの土器が出土しているので、上方の平場もなんらかの遺構が存在しているのかもしれない。

覆土からは、灰釉陶器の碗・皿・鉢・長頸壺の他に、煮沸具の土師器鍋が多く出土している。墨書土器や仏器類などが出土していないことや、土師器鍋や焼土痕の存在から、野外にて煮炊きを行っていたのであろう。住坊Eとあわせ、日常生活に関係する遺構と判断される。

厨F

厨Fは、住坊Eと隣接遺構より北東へ四メートルほど下がった箇所に位置し、切り盛りして平坦面を造成している。斜面上方を一二メートルほどの幅で削平し、東西方向に一四メートル、南北方向に一二メートルの方形範囲を盛土している。盛土裾には、石垣を北側面に一一メートルと東側面に九メートルほど巡らせている。おおむね石垣は、一段か二段ほど残存しているのみではあるが、石材はさして散乱していないことから、北東隅の高いところでも二、三段の一メートル程度の高さにあったと判断され、建物面に達するほどの高さにはない。同様に、石垣覆土は厚くはなく幾分地表に露出していた箇所もあることから、石垣にいたる傾斜は、整地され

図17　厨Ｆ・門Ｇ全景（北東より）　斜面を切り盛りし平場を設けている。盛土部周囲に石垣を巡らす。門Ｇからは谷を渡る通路Ａの土橋が取り付く。

た平坦面が崩れ流れた状況によるのではなく、もともとの斜面ということになる。したがって、整地面積に比較して平坦面範囲は狭いのである。

　厨Ｆは III期の十世紀末から十一世紀第１四半世紀に建てられた。部分的に礎石と柱穴が検出され、これまでの礎石による建物とは異なる。岩盤を掘削した南側に、五〇センチ幅の雨落ち溝を配し、おおむね東西の削平ラインに平行して、四〇センチと二〇センチ四方の礎石がおのおの二つ確認された。これらに加えて、礎石とおぼしき石や柱穴を検出しているものの、いずれも柱間を一定としないばかりか、礎石の高さにもばらつきがある。建物内に包括される平坦面からは、二・五メートル×一・五メートルの広い範囲に焼土が確認されている。建物の規模については、礎石・柱穴より建物範囲を推定すると、北から東へ一四度ほど振れ、正面八・七メートル・側面五・四メートルの横長の建物規模となる。北を正面とし、三分の一の箇所に梁行きに間仕切りを設けて焼土使用空間とに分けている。

煮沸具の土師器鍋が多いことや出土器種が豊富なことから、厨房などの生活関連施設と考えられる。周辺のトレンチからも煮沸具や調理具が多く出土しているので、厨Fを含めた周辺は日常生活空間と判断される。

門G　門Gは、厨Fよりさらに北東へ六《メートル》ほど下がった下段池跡の東側に所在している。Ⅲ期の十一世紀第1四半世紀に多少の切り盛り造成を行い、谷面に護岸石垣を結い、後述の通路Aの土橋とともに平坦面を確保している。

護岸石垣は、谷に沿い東西方向へ長さ八《メートル》、高さ五〇《センチ》、南北方向に長さ三《メートル》、高さ五〇《センチ》の規模で、一部露頭の岩の上に積み上げている。谷の上方で石垣は屈曲し、谷を渡る土橋の通路Aへ連なっていく。護岸石垣によって形成された緩やかな傾斜の平坦面は、東西九《メートル》×南北一〇《メートル》の範囲に造成されている。礎石建物の一部、礎石二個が二・四《メートル》間隔で検出されているが、それに対応する礎石は未確認である。建物は未発掘内に正面六《メートル》、側面四《メートル》の規模におさまり、北から東へ九度三〇分ほど振れ、東面する建物になる。

出土遺物も少なく、建物裏側に土橋があり通路となっていることも踏まえると、これまでの仏堂や生活関連施設とは異なる中門などになろう。

通路A　通路Aは、門GとともにⅢ期の十一世紀第1四半世紀に造られた谷を渡る土橋である。上段池と下段池からは、池を横断する橋などは確認されていないので、谷を横断するには下流に付設されたこの通路Aを通る以外にない。通路Aを渡り、斜面の上方に進めば前述の通路Bのスロープにいたる。門Gの護岸石垣は、斜面上方で屈曲し谷を南北に横断する通路Aに移行していく。通路Aは、長さ四《メートル》、幅一・一《メートル》、高さ三〇《センチ》の盛土の両側に石を積み上げている。東側面には、長さ六〇～九〇《センチ》、高さ二〇～三〇《センチ》の頑強な大きな石を一段配し、西側面には長さ三〇《センチ》、高さ二〇《センチ》ほどの石を二段に積み上げている。

通路Aは谷を遮断する堤ともなるので、上流より流れ下る水が溜まることになるが、暗渠などの排水施設は確認されていないので、溜まった水は溢れて通路を乗り越えるしかない。しかし、実際には、調査時に雨が降り水が溜まりはするものの谷底からしみ出て通路より溢れ出ることはなかった。水が通りやすいのであろう。

2　池　跡

伽藍中央に位置する東へ開析した小谷は、全長四五《メートル》、最大幅一〇《メートル》を測る。標高三三〇《メートル》から三二四《メートル》と六《メートル》の比高差がある谷の二カ所に堰を設け、上段池と下段池を設置している。上段池は水に関する遺構が多く検出され、墨書土器などの遺物出土も多いことから、池跡も仏堂などの建物と同様に大知波峠廃寺の信仰に大きくかかわっていることがうかがえる。

上下池跡の真中に自然巨石がある。巨石は、もともと長さ三〇《メートル》、幅五《メートル》、高さ四、五《メートル》ほどの露頭岩であったが、西側を上段池、東側を通路Bによって削り取られている。巨石は山形となるようにさらに加工が加えられている。おそらく、北側の仏堂BＩや前面の池跡などを含め、なんらかの見立てが行われたのであろう。

　寺院造成以前の小谷の状況は、巨石より下方をＶ字谷とし、上方は巨岩によって湧水が堰き止められ、水溜りあるいは湿地を形成していた。巨石によって谷が堰き止められたため、窪地には基盤の岩盤より流入した暗灰色砂礫層が流れ出ることなく堆積して池底を形成している。透水層の岩盤があるようで、西側と北側の岩盤より水が染み出て、年間を通じて途絶えることがない。底面が砂礫層なので、通常ならば水が漏れて池とはなり得ないのであろうが、全体に岩盤や粘質土と巨石によって囲まれ、保水された自然条件にある。つまり、寺院建立以前より池としての自然条件が揃っていた箇所を池に利用しているのである。

（一）上段池跡

　斜面と巨岩に挟まれた上段池跡は、二度にわたって築かれた堰遺構によって、北西から南東方向に最大時で長さ二〇《メートル》、幅一〇《メートル》ほどの不整楕円形の規模に水を溜めている。斜面裾から汀線までの州浜には、湧水石組遺構や閼伽井、杭列・据え置き水槽などの水にかかわる施設を配している。そして、東側には池に張り出す石積み護岸を設置している。これらの諸遺構は、堆積土層や出土遺物から同一時期の所産になく、変遷をうかがうことができる。個々の遺構を説明するにあたり、遺構の推移を概括しておこう。

　大知波峠廃寺の中心にある池は、もともとは水が溜まっていた小谷奥の窪地であった。十世紀中頃のⅡ期になって、窪地に手を加え水関連の施設を設置している。まず、池脇の巨岩の西裾を削り、柵部で水を堰き止めた一次堰遺構を設け、四〇～五〇《センチ》ほどの水深に池底を調整している。堰から溢れ出た水は、乱石部と石垣部の導水を抜け

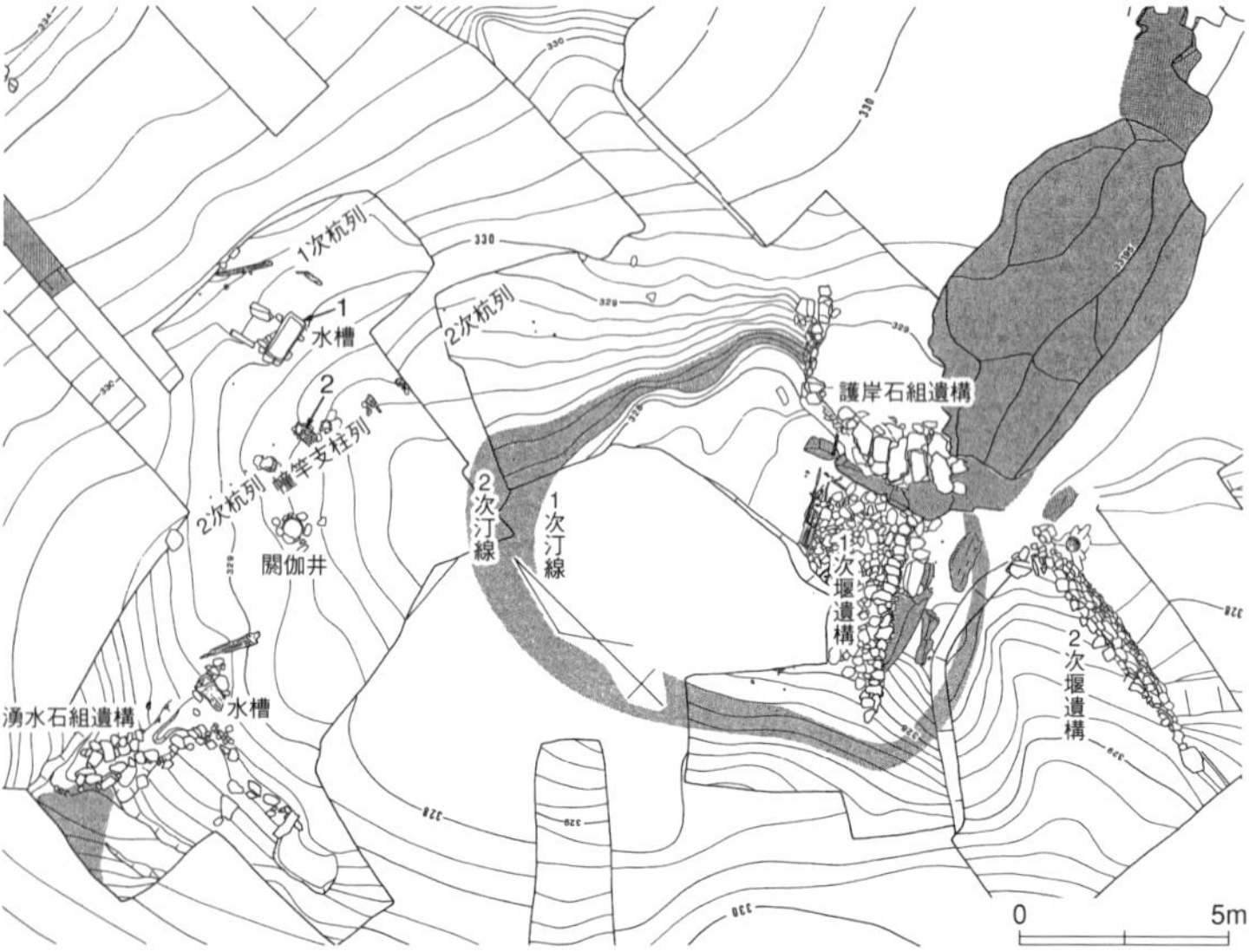

図18　上段池全体図

て、下方の小谷に落ちる。池の西奥には、湧水箇所を石で組み、下方に木製水槽を据え置いている。水槽横には、蒸散を防ぐように栗の木を配している。北側の州浜には、一次杭列の範囲に池に張り出して盛土が行われ、前には据置木製水槽と足場板を置き、楠木を横に配している。

伽藍の大改修が行われた十一世紀前半のⅢ期には、仏堂BⅡの造成が池北側の二次杭列まで及んで、据置木製水槽や一次杭列の張出し部を埋めてしまっている。埋めた水槽の代わりに閼伽井を池の北側へ、一次杭列の張り出し箇所に代わって池の東側に張り出た護岸石組遺構を増設、さらに幢竿支柱が設置された。水関連施設の更新にともなって、一次堰遺構を埋め外側へ新たに石垣の二次堰遺構を設置し、やや広めに水を溜める。Ⅲ期にも大きく改修されてはいるが、水を湛える池、池への張り出し、水を溜める設備というⅡ期の基

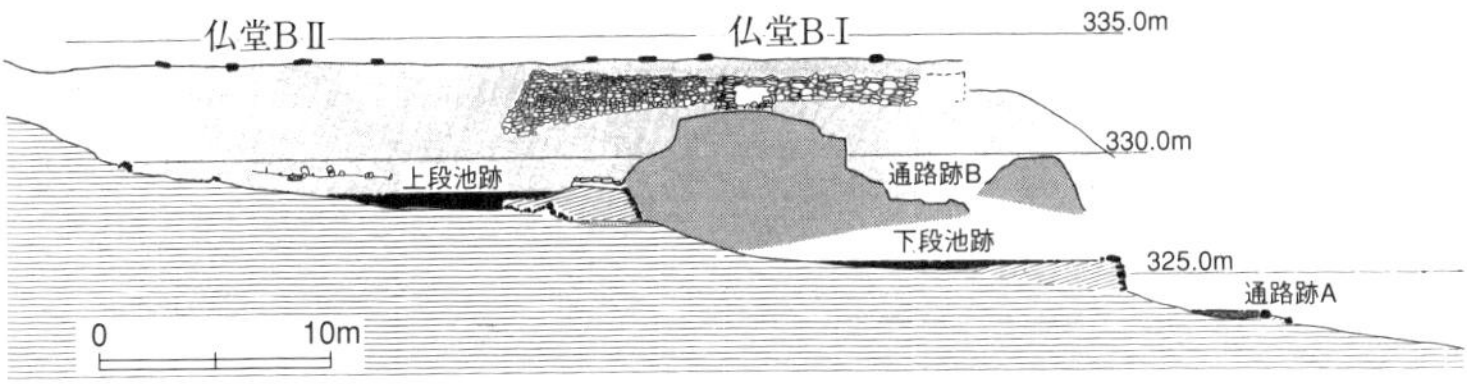

図19　上下段池縦断図

本構造は維持された。

　池の周囲からはⅠ期では少なかった墨書土器が、Ⅱ期とⅢ期を通じ大量に出土している。池底部からはⅡ期の十世紀代に属する木製品が多く出土している。

一次堰遺構

　一次堰遺構は、巨石裾から南西方向に谷を横断して設置された。堰は柵部と石垣部の二重構造からなり、Ⅱ期の十世紀中頃の所産である。内側の柵部は、五〇センチほどの間隔に八～九センチ径の杭を二列に打ち込み、その間に三～五センチ径の横木を何本も積み上げている。水を溜める北側に五センチ径の杭を打ち込んで、小枝を編み混んで隙間を埋め、さらに砂や粘質土を三〇センチの厚みに覆っている。柵部の全長はおおむね七～八メートルほどとなろう。上端の現存標高は三二八・二メートルを測り、暗灰色砂礫層の池底からの深さは四〇センチである。この数値はそれぞれが汀線の最大範囲と最も深い水深となり、汀線の最大範囲から一次堰によって幅六メートル、長さ八メートルほどの不整半楕円形の範囲に水が貯えられたことがわかる（図18参照）。

　一次堰遺構は、柵部から二メートルほど南に石垣を設けているが、その間には二段ほどに重なった二〇～四〇センチの大小の石が無造作に詰められている。乱石には石がむやみと動かないように、五センチ径の杭が数本打ち込まれている。柵部の池底と乱石部の底面は同じ高さでつづいている。柵部付近の池底には、木目の細かい乳灰色粘土層が堰高までせりあがって堆積し、乱石部をも薄く覆い包んでいる。柵部と乱石部には水が絶えず流れていたために、細かな土砂が堆積したのであろう。

一次堰の石垣部は、巨石に付いた東端を多少乱すものの、全長五メートルにわたって崩れることなく良好に残存していた。西方に延びている巨石裾をおおむね東西に二メートル、南北に三メートルにわたって削平し、幅二〇センチ、厚さ二〇センチ、奥行き四〇センチほどの石を垂直に積み上げ、石垣を設置している。石垣基底面が徐々に上がっていくに従い、正面石積みを三段二段と減らしていく。石垣部の内と外では底面に高低差があり、北側の池底は標高三二七・八メートル、南側の底面は標高三二七・三メートルと五〇センチ弱の比高差がある。このため、水を湛えていた柵部から溢れ出た水は、乱石部に流れ落ち、さらに石垣部から下流へと流れ下っていく。

石垣部上端には、凹状に低くなった箇所があり、そこから下方に水が落ちる。ちょうどその下には落ち水を受けるように、巨岩から派生した露頭岩と垂直に積まれた石垣との間に一〇度ほどの勾配で長さ三メートル幅一〇センチの導水施設の溝が形成され、そこに水は流れ落ちるのである。石垣部の南側には、巨岩を削平し暗灰色の砂を底に敷いた平坦面が二メートルほどつづき、段差を有して下段池跡へと水は流れ下る。

二次堰遺構

二次堰遺構は、Ⅲ期の一〇〇〇年前後に一次堰遺構を暗灰色粘質砂礫層で埋めてつくられた。一次堰遺構より三メートルほど下流で土留めの石垣を設け、いわゆるダムを設置しているのである。二次堰遺構の規模は、北より東へ一〇度ほどの方位に沿い、谷を横断して幅八メートルに石垣を積み上げている。幅三〇センチ、厚さ二〇センチの石を多少傾斜させて最高一・二メートルの高さに積み上げ、対岸の巨岩に接する部分が水落ち部となっている。石垣部の上面は、二、三メートルほどの平坦を形成し、緩やかに池底へと傾斜していく。最高水位は、水落ち部の高さより標高三二八・四《メートル》ほどと推測され、この数値が汀線の最大範囲となるので、二次堰は長さ一三《メートル》、幅九《メートル》の不整楕円形の範囲で水深二〇～三〇《センチ》ほどの水を貯える。

護岸石組遺構

上段池跡北東には、巨石に取り付いて護岸石組遺構が設けられている。池へ突き出た護岸石組遺構は、西に四《メートル》、北に三《メートル》のL字形に池端を埋めて側面を七〇《センチ》ほどの高さに石垣を結っている。石垣上端には、長さ七〇《センチ》、幅四〇《センチ》、厚さ一五《センチ》の大きな平たい石を水平に七枚並べている。石垣は地山からではなく、二次堰をつくる際に一次堰を埋めた土砂上から積まれている。つまり、一次堰とその池を埋めた二次堰設置と同時期、Ⅲ期の一〇〇〇年前後に護岸石組遺構が設置されたのである。護岸石組遺構の下層から一次堰の柵部が検出されているので、両遺構は前後関係にある。

杭列と据置水槽

上段池の仏堂BⅡ正面からは、東西方向に並んだ二列の杭列が検出された。北側を一次杭列、南側を二次杭列と呼称する。両杭列の間には据置水槽があり、二次杭列と汀線との間の州浜には、柱根と閼伽井が配されている。

二次杭列は一次杭列の四《メートル》ほど南側にあり、一次杭列と並列することなく仏堂BⅡの正面裾に東西九《メートル》にわたり四〇《センチ》から六〇《センチ》間隔で六《センチ》径の杭を打ち込んでいる。杭の周辺には砂礫とともに大小の石が溜まった状況にあるので、仏堂BⅡ造成時の土留め用である。一方、一次杭列の杭は七〇《センチ》間隔に打ち込まれ、五《メートル》ほどの長さにわたって検出された。杭列には横木が配され、周辺には砂礫とともに大小の石が杭列に溜まった状況にあるので、二次杭列と同様に造成時の土留めとして

図20　上段池検出遺構全景（東より）　州浜からは、据置水槽や閼伽井、幢竿支柱、湧水石組遺構が検出された。土留めの杭列も確認された。

用いられている。しかし、その位置は仏堂BⅡの整地土直下にあることから、当然に一次杭列は仏堂BⅡの造成にかかわる遺構とはならず、それ以前に造成された土留めと判断される。この一次杭列にともなう盛土は、仏堂BⅠの南西に池を埋めるように広がっていて、北西から南東方向に長さ一二メートル、幅五メートルほどの範囲で確認される。造成時期はⅡ期の十世紀後半である。

一次杭列より南へ一・五メートルほどの箇所から、長さ一・三メートル、幅四九センチ、高さ三二センチ～二〇センチの水槽が東西方向に据えられて検出された（図18の1）。水槽は楠木の大木を半裁してくり抜き、設置面を平らに加工している。両側には表皮が残っていた。水槽は、四方に石を当て地面に固定させ据え置きとしている。水槽の北側には、長さ六〇センチ、幅二〇センチ、厚さ一五センチほどのモミ属の角材を六〇センチ間隔に二本配して、水槽使用の足場としている。東一メートル脇には広葉樹の根が確認された。水源からの汲み出し水を水槽に溜め、脇には広葉樹があり水の蒸発を防いでいる。

　これら、池に張り出した盛土遺構とその前に据え置かれた水槽は個別に存在しているのではなく、相互に一個の遺構を形成している。その後、仏堂BⅡの造成によってこれらはⅢ期の一〇〇〇年前後に埋められてしまう。

湧水石組遺構と据置水槽

　上段池跡の最奥からは、現在でも水が染み出ている湧水箇所を石で囲った遺構が出土した。湧水石組遺構は、傾斜は二〇度ほどの地山の風化岩盤露頭に取り付いている。

　遺構は、三〇センチ四方の底面のまわりに四〇センチないしは五〇センチほどの割石を高さ五〇センチに積み上げ、上端一メートル四方の井桁状に配する。さらに下方には、両側に一メートルほど割石を並べ、幅六センチ、傾斜角五度ほどの水路を設けている。

　湧水石組遺構から三メートルほど下方に据置水槽が検出された。水槽は二分され、一つは両脇を石で固定され地面に据え置かれた状態で発見されたが、一方は多少下方から出土した。水槽はおおむね幅五〇センチ、長さ一・二メートル、厚さ二〇センチの大きさで、広葉樹の大木を半裁して刳り貫いている。湧水石組遺構から湧き出る水を溜めていたのであろう。湧水箇所と水槽の中程に隣接して直径二〇センチの栗の木根が検出されている。

　湧水石組遺構は、Ⅱ期の十世紀後半に設置されているが、湧水を囲う石組、水を溜める据置水槽、盛土はなかったものの石列による護岸というように、前述の一次杭列および据置水槽と同じ構造にある。

閼伽井

　閼伽井は二次杭列より一・五メートルほど南に位置する。口径五八センチ、高さ二五センチの曲物の底を抜き、池底の砂礫を掘って据え置いている。上端のまわりには、二〇センチ～三〇センチ大の石が配され、井戸の底には四～五センチ大の青緑色角礫を敷いている。井戸周辺の地表までの厚さは五〇センチほどにすぎないので、曲げ物を二段三段に重ねた様子はなく、確認された一段の曲物のみの井戸枠としている。閼伽井の確認層である黒色粘質土は、二次堰設置の際に一次堰を埋めた暗灰色粘質砂礫層へとつづいていく。したがって、埋土層にかかわる閼伽井と二次堰遺構・護岸石組遺構は、おおむね同時期のⅢ期の一〇〇〇年前後の所産となる。

幢竿《どうかん》支柱《しちゅう》

二次杭列に沿って、柱根が五つ検出された。西側の二本は残存状況もよかったが、他は腐食が進んでいる。西側の柱根は、筏穴が確認される直径三五センチ、残存長四〇センチを測るスダジイで、多少傾いて検出された。二本目も筏穴が確認され、直径三〇センチ、残存長六二センチを測る栗の木で、横たわった状態で検出された（図18の2）。さらに三本目～五本目は腐食がいちじるしいが、直径三五センチほどの柱根であった。

当初は、これら柱根を閼伽井を囲む建築用材と考え、再三、周辺を精査したが、並ぶ五本以外には確認されなかった。建物用材なのではなく、並べた状況で使用されたのであろう。東にいくほど腐食している。西側の二本は筏穴を明瞭とする同程度の状況で、三本目と四本目も柱の原型を留める程度の腐食である。五本目は腐食がいちじるしい。そして、西側の二本と三本目と四本目のそれぞれが一・二メートルと同じ間隔であることから、二本で一対の幢竿支柱と判断される。おそらく、腐食の度合いから東側より順次建て替えられてきたのであろう。

土層堆積状況から、仏堂BⅡの整地土を一次堰

図21　下段池石積み堰遺構（東より）　小谷を幅11m高さ1.2mに渡って石を積み上げ堰を設けている。上段池と下段池の間には自然巨岩が露頭している。

を埋めた黒色粘質土が覆い、さらにそれらを穿って柱根を据えていることがわかる。したがって、二本で一対の柱根は、上段池に点在する遺構としては、埋土層の黒色粘質土層にかかわる閼伽井と二次堰遺構・護岸石組遺構以後の最後に設置された。

（二）下段池跡

上段池跡から六メートルほど下った谷幅は八メートルを測り、深さ一・八メートルのV字状の断面となる。一三メートル下流では、谷は幅九メートル深さ一・九メートルのV字状断面となっている。

下段池跡の堰遺構は、巨石西側裾を頂点に末広がりとなる谷の二二メートルほど下流で、幅一一メートル、長さ八メートルほどにわたって整地し石垣を積んでいる。浅く水を溜めるために、上流へ向かって緩やかな傾斜をもち池底へ移行していく。上段池跡の二次堰遺構と同形態である。石積み堰は、高い箇所で一・二《メートル》に及び、四〇《センチ》四方ないしは六〇《センチ》四方の割石を垂直に積み上げている。石積み状態は、石と石とが緻密に組み合わさってはおらず、間層を多く取った積み上げ方である。間層には、上下に褐色土と黄褐色土の土層が観察され、二度にわたって整地されたことがわかる。石積み箇所の北側三《メートル》には、幅四〇《センチ》ほど凹状に石を積んでいるが、これは上段池跡で見られた水を下流に落とす排水口である。その下には、水受けとするように乱石を配している。乱石はせいぜい二段ほどの投げ込みに止まり、厚くは積まれてはいない。そして、乱石を除去する際に一部が石積み遺構の整地土の上層褐色土に食い込んでいたので、整地土上層の褐色土中の石は乱石と同時に積まれた可能性が高い。

堰遺構の規模は、最初の一次堰では一〇・四《メートル》の幅で八〇《センチ》の高さに黄褐色土と石で積上げられている。水面高は、最高値で標高三二五・一《メートル》となるので、長さ一〇《メートル》、幅四《メートル》の楕円形の範囲となり、水深は一〇《センチ》ほどから上流に向かって徐々に深くなり、四〇《センチ》となる。二次堰は、九《メートル》の幅に一次堰から四〇《センチ》ほど高くして褐色土と石で積み上げている。二次堰でも一次堰と同様の規模に水を溜めるものの、全体に若干上流にずれる。水面高は、最高値で標高三二五・三《メートル》となるので、水深一〇《センチ》ほどで上流に向かって徐々に深くなり、六〇《センチ》となる。汀線は多少移動しはするものの規模はさして変わることはない。巨岩西裾から下段池跡の堰遺構によって水が溜まる汀線までの一〇《メートル》間は、幅二《メートル》ほどの水路となっている。

3　北側の遺構群

北側の遺構群である仏堂CⅠ・付属建物CⅡ・住坊Hは、仏堂BⅠ脇の小さな尾根によって池周辺の建物群と仕切られた恰好となっている。CⅠ・CⅡの位置する平坦面は、急斜面の岩盤を西側で高さ三メートル、東側で高さ七メートル、長さ三五メートルにわたって削平し、残土を前方に押し出し整地している。整地された平坦面は、石垣までの奥行き一六メートル、長さ三五メートルの長方形を呈する。仏堂CⅠと並列して西へ一〇メートルほどに付属建物CⅡ、東へ八メートルほどに盤石Ⅱが位置している。盤石Ⅱは白色の珪石で、四メートル四方の範囲に巨岩が集まり高さ四メートル余を測る。盤石の周辺からは、破片遺物が数点採集されただけで、遺構の痕跡は認められなかった。山麓からは、北側の盤石Ⅱと仏堂CⅠ、南側の盤石Ⅶを見通すことができ、池周辺の建物群は盤石Ⅲなどによって隠れてしまう。

住坊Hは、建物CⅠ・ⅡとL字形となるように配され一段低い。トレンチ調査のみであるため規模は明らかではない。

仏堂CⅠ

仏堂CⅠは、Ⅱ期の十世紀後半に建立され、大知波峠廃寺のなかで最も大きな建物である。後に南東の四分の一ほどの礎石および基壇、石垣の東半分が失われたため、盛土境が雨による排水路となって、幅二メートルの溝が建物中央の南東から北西へ形成された。東側斜面には、崩れ落ちた石垣が埋土とともに堆積している。

建物は、正面七間×側面四間の正面広庇で南面し、北から東へ一二度ほど振れている。礎石は七〇センチ四方の大きさで厚さ三〇センチが大半であるが、最前列の桁行き礎石は一メートル四方で厚さ三〇センチとひ

図22　仏堂ＣⅠ実測平面図と石垣基壇正面図

ときわ大きい。奥二列の桁行き礎石は、岩盤を削平した箇所にあるため岩盤を浅く窪めて据えている。桁行き柱間は、両脇が二・〇メートル、なかはすべて二・四メートル間隔で、正面一六メートルを測る。梁行き柱間は、庇を三・二メートルと広くし、二・五メートル、二・五メートル、一・八メートルと狭くなり、側面一〇メートルを測る。床面は身舎までを平坦とし、徐々に傾斜する。建物の奥と両側には、幅八〇センチ、深さ一〇センチほどの雨落ち溝が配されている。

身舎には桁行き柱列がなく、石列による二〇センチほどの高さの横長の須弥壇が配されている。須弥壇は、溝によって西側半分が失われ、残存規模は幅一・六メートル長さ三・五メートルであるが、もともと中央柱三間に収まる全長七・二メートルほどと推測される。

建物より前方一・六〜一・七メートルの位置に、最も高い箇所で八〇センチほどの石積み基壇が長さ一〇メートルほど残っている。もともとの幅は一六メートルほどと推測される。基壇の二・七メートル前に石垣が配置されている。石垣はおおむね一八メートルの長さにわたって結われ、建物中央あたりに階段を設けている。階段を境に東側と西側の石垣状況は異なる。東側の石垣は基底のみを残し、大方の石垣は下方斜面に流出土とともに崩れ落ちている。東側の石垣は、もともとおおむね一メートルほどの高さに垂直に積み上げていたと考えられる。一方の西側の石垣は、急傾斜のため二段に石垣を積み上げている。最下段には、五〇センチ四方あまりの石を高さ七〇センチほど垂直に積み上げていったん七〇センチの平段を設ける。そして、一気に五〇度の傾斜で高さ二・五メートル、平面長二メートルにわたって三〇センチ〜五〇センチ大の石を積み上げている。

階段は建物の中央に、幅四メートル、長さ五・五メートル、高さ四メートルに渡って設置されている。両側の階段基底に大きな石を配し、両側には横長の石を縦に配して耳石としている。階段の傾斜は、下方は緩やかであるが、中段から石垣に沿うように四〇度もの急勾配となり、両手をつかないと上がれないほどになる。段は、幅三〇《センチ》ないしは二〇《センチ》の横長の石を横一列に並べ、二一段を数える。階段の下方には、長さ一《メートル》、幅四《メートル》ほどの平坦な踊り場が設けられている。踊り場の下方には階段がつづかないことから、階段を下った踊り場から西側に向かう導線のつくりとなっているのであろう。西側には住坊Hが位置してるので、住坊Hと仏堂CⅠの密接な関係を推測させる。

建物CⅡ　仏堂CⅠより一〇《メートル》ほど東に位置し、峠まで二〇《メートル》ほどの距離にある平坦面の隅で検出された。Ⅲ期の建立で、七〇《センチ》四方厚さ三〇《センチ》の礎石が三つ検出され、残る一カ所の礎石箇所にトレンチを配してその痕跡を求めたが、確認できなかった。奥の桁行きは岩盤を掘り窪めた箇所に据え置き、前方の一個の礎石はただ単に置かれた状況にあり移動しやすいので、もう一つの礎石の存在は確実視してよかろう。桁行き二・七《メートル》×梁行き二・一《メートル》を測り、北から東へ一〇度ほど振れている。建物の北側と西側では、一《メートル》ほどで斜面となり、さして空き地がない。

住房H　住坊Hは、仏堂CⅠと矩の手になるように配されている。等高線が緩やかな傾斜となっていたことから、試掘溝を配して調査したところ、岩盤を切り盛りした痕跡と据え置かれた礎石が検出された。部分調査に止まっているため、建物規模は明らかとしえないが、おおむね正面一五《メートル》、側面六《メートル》ほどの平坦面を形成している。確認された礎石は梁行き二個で、その間は四《メートル》ほどを測るが、おそらくは一間か二間の梁行きとなり、東面する長方形の建物となろう。礎石は一律な大きさではなく、横長の建物であることから住坊Eと共通する居住性格の建物であろう。Ⅲ期の十一世紀第1四半世紀に建立された。

4　南側の遺構群

南面する住坊DⅠ・仏堂DⅡは、南側の支尾根の南斜面に位置する。いずれもⅢ期の十世紀末から十一世紀前半に建立された。池跡を中心とする礎石建物跡群の中心からは六メートルほど標高が高く三四一メートルで、DⅠ・DⅡからはAなどは見えず、隣接する盤石Ⅷに立たないと両者を見通すことはできない。建物は、それぞれに岩盤斜面を方形に削平し、斜面を埋め整地している。両建物の前方は、石垣を設けることなく急斜面となる。南東隅には大きく突き出た盤石Ⅷがある。縦一〇メートル、横二〇メートル、高さ一〇メートル余にも及ぶ絶壁の盤石である。岩下は多少岩陰となっており、岩が散在している。盤石Ⅷは、麓からも目視されるほど純白な白色岩で、この岩に立つと湖西連峰の峰々が見渡せる。おそらく往時もよく知られたランドマークだったであろう。

検出遺構は建物跡だけでなく、建物西側の緩斜面から横長の平坦面が発見されている。当初は、DⅠ・DⅡにいたる参道とも思われたが、長さ一二メートルほどで終わってしまう。

住坊DⅠ

住坊DⅠは、平坦面の東側に位置する。Ⅲ期の十世紀末から十一世紀初頭に建立された。岩盤の斜面を切り盛りして、幅一二メートル、奥行き七メートルほどの方形に平坦面を形成する。北と東の岩盤を高さ一〜一・五メートルほど垂直に削り壁と成す。覆土は奥ほど厚く堆積しており、礎石の桁行き最前列では上面が露出していた。礎石はおおむね六〇センチ四方の方形で厚さ三〇センチ。大半の礎石が確認されたが、最奥桁行きのなかの二

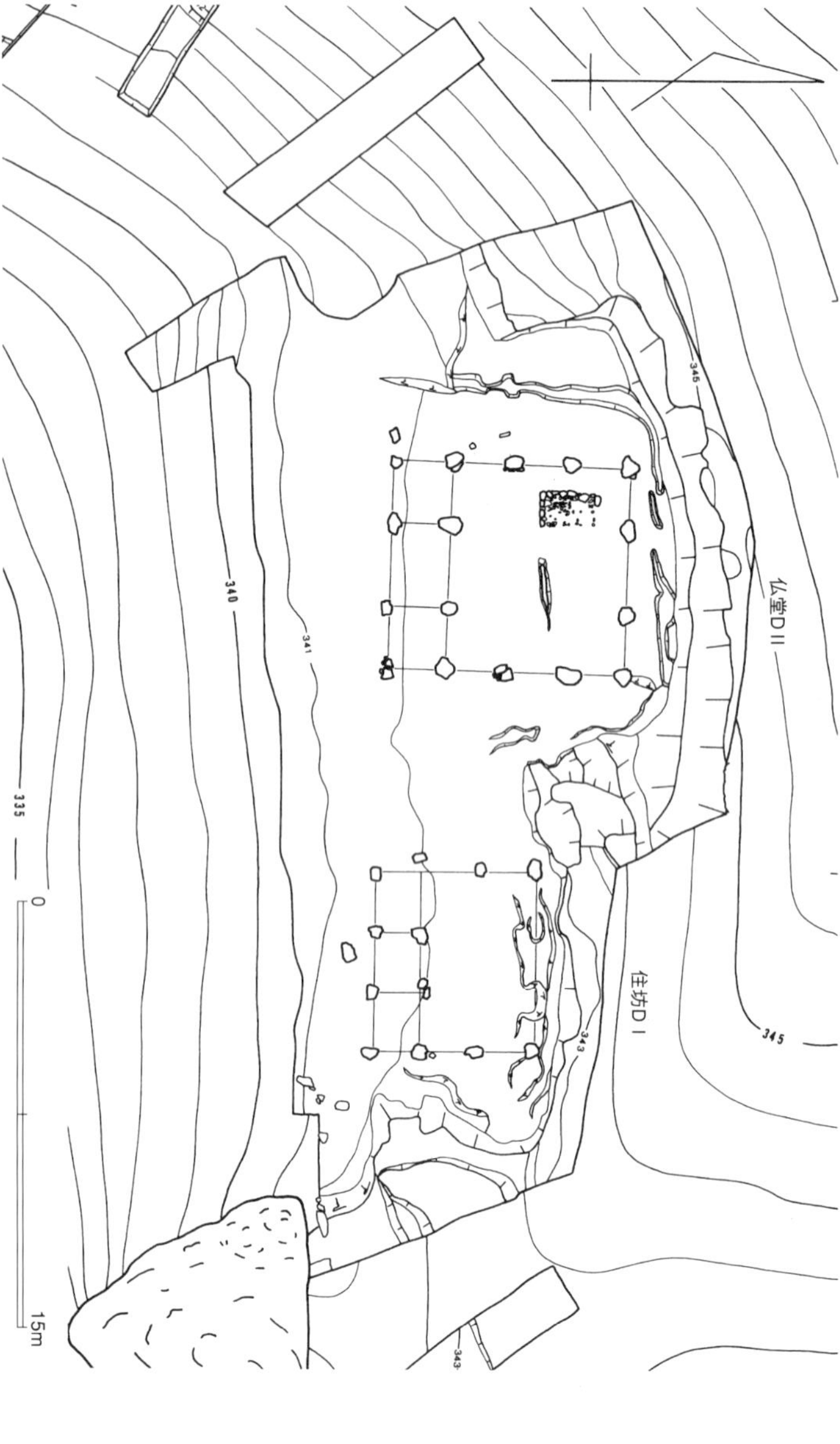

図23　住坊DⅠと仏堂DⅡ実測平面図

図24　仏堂DⅡ・DⅠ全景（西より）　最南端に位置する堂宇群。岩盤を削平して堂宇を建立したことがよくわかる。

つは確認されていない。岩盤を削り浅い窪みを作り出し、窪みを礎石の代用とし柱を据えている。その他に柱筋から外れた礎石や割れた礎石がある。

南面する建物は、三間×三間でほぼ方位に沿う。桁行き柱間は、等間隔の二・一《メートル》で正面六・三《メートル》を測る。梁行き柱間は、前方部を一・六《メートル》、身舎を二・一《メートル》の均等とし、全長五・八《メートル》を測る。身舎には、須弥壇を据えた痕跡を見出していない。全体に横長とする建物の北側と東側面には、浅い雨落溝を配している。床面は、三度ほどの緩やかさで南に傾斜する。南面する正面には、六〇《センチ》大の石が置かれている。

仏堂DⅡ　仏堂DⅡは、DⅠより西に七《メートル》ほど離れ、並列している。Ⅲ期で十一世紀第1四半世紀に建立された。岩盤斜面を幅一五《メートル》、奥行き七《メートル》ほど方形に切り盛り造成し平坦面を形成している。急斜面のため裏側岩盤が三メートルほどの落差となり、両側は斜面に沿って高さ二〜一メートルと徐々に低くなる。覆土は奥ほど厚く堆積し、桁行き最前列の礎石上面が露出していた。

　規模は、正面三間×側面四間で正面に庇が取りつく方三間形式である。建物方位は、北から東に二度五〇分ほど振れている。礎石はすべて残存し、方三間部位で七〇センチ四方厚さ三〇センチの礎石、庇部位では四〇〜五〇センチと一まわり小さい礎石を使用している。最奥の桁行き列の両側の礎石が、中央部位の礎石より一五センチ程度高く据えられている。身舎内の礎石は確認されず、左隅部位で石列により二〇センチほど高くした須弥壇が長さ一・三メートル、幅二・二メートルで検出された。地山を須弥壇列にあわせて削り出していることから、須弥壇は長さ五・五メートルほどを測る。桁行き柱間は、両側を二・二メートルとし中央を広く取り二・九メートルで正面七・三メートルを測る。梁行き柱間は、庇部と最奥を二・一メートルとして真ん中を二・二メートルとし、側面八・六メートルを測る。床面は須弥壇の含まれる柱間まで平坦であるが、五度ほどの緩やかさで南に傾斜する。建物の裏と両側には雨落ち溝が巡る。西側の雨落ち溝と壁との間は二メートルほどの空き地となっている。

盤石Ⅷ周辺

　盤石Ⅷは、標高三六一・六メートルの周辺で最も高い山頂にあって、長さ一四メートル、幅五メートル、高さ六メートルを測る。隣接する平場からは、遺構の検出はなかったものの、十一世紀第1四半世紀の灰釉陶器碗破片が出土した。遺物は巨石に付随するので、巨石信仰を想定できよう。寺の中心より多少離れてはいるものの、寺域の榜示とみなすことができよう。

隣接段状遺構

　隣接段状遺構は、仏堂DⅡより一五メートルほど西側で発見され、礎石建物跡とは矩の手に位置する。斜面に直交して幅一・五メートル、長さ一二メートルを測り、北から東へ二〇度ほど振れている。岩盤の斜面を削平し、奥に溝を配している。野天での使用遺構とも考えられなくはないが、焼土などその痕跡は認められず、仏堂DⅡにいたる平坦面も確認されないことから個別の遺構である。

　この横長の平坦面を完成された遺構とするか、あるいは未完成の遺構なのか、判断する材料をもたないが、仏堂Aと住坊Eや仏堂CⅠと住坊Hのように、仏堂に対して住坊がL字形に配されるので、仏堂DⅡに対してL字形に新たな建物を造営するために削平し、途中で放棄した跡とみたい。時期は仏堂DⅡに後続して造成を行っている。

5　岩に刻まれた遺構

調査によって検出された遺構には、礎石建物跡や段状遺構・池跡・通路跡などの構築物だけではなく、岩に刻まれた遺構も確認されている。寺域の南には東へ延びる支尾根があるが、その先端までの長さ五〇メートルにわたり盤石Ⅶ〜Ⅳの岩塊が五〇メートルつづき、末端は比高差一〇メートル以上となる盤石Ⅲが位置している。岩塊のなかほどには、岩塊を削って切通しとしている箇所がある。また、最も端の巨岩の根元に穴を穿っている。前者を盤石A、後者を盤石Bと呼称する。

　この二例以外にも、人為的に刻まれた岩がある。上段と下段池跡の脇に露頭している巨石がそれである。前述のように、巨石の両端は上段池と通路Bの造作時に削られているが、両者によって削り残された中央部位の頂きを、南側より巨岩が三角形状に見えるように削っているのである。おそらくは前方の上下段池と一体化した宗教上の見立てによる構図を意図したものと考えられ、それは南側にある住坊Eや建物に囲まれた広場より眺望することが想定されている。

盤石A

岩塊を横断し切通しのように溝を刻んでいる。盤石Aは当初より発見されていたが、周辺の割れ岩の観察から南北方向に岩の節理が走っていることが判明するので、盤石Aの割れ岩が自然に生じたものか人為的なものなのか判別できなかった。割れ岩の底が調査されるに及び、底面は自然の節理による崩れによって隙間が生じたのではなく、人為的に削っていることが判明したのである（図11）。

盤石Aの規模は、南北方向に長さ五メートル、北側幅五〇センチ、南側幅一・五メートルを測る。溝の深い箇所は三・八メートルで、底面は南へ向かい二五～三〇度の傾斜となって下る。大人一人がやっと通れるほどの急勾配の溝である。溝の北からは仏堂CIが正面に見える。出土遺物が皆無なために時期を特定できないものの、廃絶後の遺構においては、大がかりに岩を削る行為は見られないので、このような遺構は存続期内につくられたと考えることができよう。そして、単に連なった巨岩を断ち切って盤石Ⅲを独立させるような造作ではなく、溝の底面が駆け上がるように急勾配なことから、通過を目的とした遺構と判断される。

盤石B

南支尾根の先端には、比高差一〇メートル以上に及ぶ巨岩の盤石Ⅲがそそり立っている。その巨岩の根元には、穴を穿ち削平した前庭部をもつ盤石Bがある。調査以前は、穴の下半分が埋まっており、岩の根元部はえぐれた状況にあった。穴は盤石Ⅲの根元の隙間を押し広げるように穿たれ南東に開口している。上方の岩は堅固なためか、切り妻状に中央のみを削り、下方の岩は風化して掘削しやすかったため、五〇センチほど溝状に掘り下げ床面を平らとしている。奥壁

図25　盤石Ｂ（磐座）

は、上方の岩と同様の堅固となるまで風化箇所を掘削している。規模は、幅八〇センチ、奥行き二メートル、高さ八〇センチを測る。岩の上端（雨垂れ線）内に全体は納まるものの、半分は岩の下端より外に出ている。穴の前方は、風化岩を削り平らとした場が幅五メートル、二メートルほどの範囲で確認されており、前庭部を形成している。

遺構の穿たれた巨岩は、ほぼ垂直に一〇メートル以上の高さにそそり立つが、三メートルほどの高さあたりまで剝離している。剝離した破片は、前庭から確認されていないので、巨岩の剝離は盤石Ｂ設置以後ではない。おそらく造成時に岩下に散乱していた破片は、取り払われたのであろう。出土遺物は、穴の床面上より一点の灰釉陶器碗が検出されただけで、他は皆無であった。灰釉陶器から、盤石ＢはⅡ期の十世紀後半の遺構と判断される。

盤石Ｂの穿たれた巨岩や前庭部からは、岩に取りつく小屋などの建物痕跡は確認されておらず、焼土などの痕跡もない。切り妻状の断面状況より、おそらく穴にちょうど収まるほどの小さな祠を安置していたのではなかろうか。そして、巨岩の根元ということから磐座を祭った祠と判断され、盤石Ⅲそのものが磐座であった可能性が高い。

図26　方三間堂（人の立つ礎石部分）

6　廃絶後の遺構

仏堂ＢⅠの跡地

仏堂ＢⅠは、Ⅰ期の十世紀第2四半世紀に建立された五間×四間の仏堂と、廃絶後の十二世紀後半に建てられた三間×三間の方三間堂の重複からなる（図12参照）。方三間堂は当初より露頭していた礎石建物で、仏堂ＢⅠが方位に沿っているのに対し、北より一〇度ほど西に振れている。建物の規模は、桁行きと梁行きの礎石間は約二・一メートルなので、六・三メートル×六・三メートルほどの大きさとなる。礎石の大半が創建礎石の据え替え利用で、礎石はおおむね三三四・三九メートルから三三四・三〇メートルの九センチ内の誤差に収まる高さとなっている。

仏堂ＢⅠの礎石は、岩盤を浅く削った窪みに据えて固定しているが、建て替え時の礎石では、岩盤を覆っていた流入土の覆土を掘り窪め、根巻き石を配して固定している。建物の正面には、長さ四〇センチ、幅三〇センチ、厚さ二〇センチほどの大きさの割り石列が、幅七・五メートルほどに東西方向に配され基壇を構成している。石列は東西の側面にも巡らされているが、梁間一間の長さしか配列されておらず、石の大きさも正面石より小ぶりである。全体に、建物前半分ほどの基壇である。方三間堂にともなう遺物には山茶碗がある。

埋納遺構A　仏堂BⅡの須弥壇正面の南へ四〇センチにある土坑である（図13参照）。

土坑は、東西に長い楕円形の平面となっている。長軸一・二メートル、短軸七〇センチ、深さ八〇センチを測る。底は平らとし壁はほぼ垂直となる。土坑中央には十二世紀後半の長頸瓶が正位に据え置かれていた。

仏堂Aの跡地　仏堂Aの覆土を掘り下げる過程で、須弥壇部位から集石と焼土箇所が検出された（図15参照）。集石と焼土は床面より二〇センチほど浮き上がり、焼土も集石下の床面まで及んでいないので、仏堂Aの廃絶後に遺されたものである。須弥壇跡では、五メートル×一・五メートルほどのL字形に大小の石で須弥壇を囲い、炉を形成したと考えられる。覆土からは山茶碗や施釉陶器・磁器も採集されているので、柴燈護摩などの行場として使用されたのであろう。

仏堂DⅡの跡地　仏堂DⅡの裏側岩盤から、火を強く受け赤く酸化した壁部が大小三カ所確認されている。西側は幅二・五メートル、高さ八〇センチの範囲で、中央と東側は四〇センチ範囲程度であった。火受け部位のほとんどが床面より二〇～四〇センチほど上位に位置し、中央部からは火受け部位にともなう覆土上面より十二世紀後半代の碗三個が伴出している。柱穴等の遺構は検出されていない。このことから仏堂A跡地と同様に、平坦面へ土砂が流入した十二世紀後半代に火を用いた柴燈護摩などの行場として使用されたのであろう。

峠の手向け

遺跡名称となった大知波峠に近接する建物CⅡの覆土中より寛永通宝が三枚出土している。大知波峠廃寺からはせいぜい十五世紀後半までの遺物が少量散見することから、跡地利用もこの時期までと考えられる。寛永通宝の出土はこの地の利用というよりは、峠という境界からの出土なので、近世に手向けとして納められたのであろう。

V　出土した遺物

大知波峠廃寺の出土遺物には、須恵器《すえき》・灰釉《かいゆう》陶器・土師器《はじき》・緑釉《りよくゆう》陶器・中世陶器・磁器の他に、文字や絵などを描いた刻書《こくしよ》土器、漆塗土器、墨で文字を記した墨書《ぼくしよ》土器、石製品・木製品・金属製品の多くの種類がある。遺物種によって遺構の性格や遺跡の内容が明らかとなるので、発掘調査においては、遺物が遺構のどの場所からどのような状況で出土したのか、あるいは堆積土のどの層位から出土したのかを記録する。その後に、洗浄、出土位置を記す注記・接合・復元を行い、資料化のため遺物実測を行う。これら一連の過程で、遺物種ごとに接合状況、産地や形の違いなど細かく観察し、分類整理が行われるのである。

大知波峠廃寺の個々の遺構の年代を求めるにあたっては、もっぱら出土遺物の須恵器・灰釉陶器・土師器・緑釉陶器・中世陶器などの土器類から年代を導き出している。考古学では、出土遺物を整理分類し、前後関係を整えた遺物編年を基に、文書などで年代の明らかな遺跡の出土遺物と照合させ編年の年代を求め、遺跡の年代を特定している。いわゆる遺物編年が年代の物差しとなっているのである。

1　灰釉陶器

大知波峠廃寺の出土遺物の多くは、灰釉陶器で占められている。器種としては、供膳具《きょうぜんぐ》の碗・深碗・小碗・足高碗・大碗・輪花碗・特殊碗、皿・段皿・輪花皿・耳皿・托・坏・蓋・高坏・小瓶、貯蔵具の鉢・壺・長頸壺・多孔壺・甕・大甕がある。このうち深碗・特殊碗・托・高坏・小瓶・長頸壺・多孔壺には供養具が含まれている。

器種は、碗・皿・壺など機能や用途によって分かつことができる。そして、碗の個別器種は、明瞭な形態・技術差異によってさらに複数の形式に分かれ、個々の形式は微細な形態や技法の違いから最小単位の型式に細分される。これら型式は「型式組列」によって一形式を形成するので、形式相互は異なった系譜・系列を示すことになる。

本書での型式表示は、たとえば「碗Ａａ１」の場合、「碗」は器種名、「Ａ」は形式表示、「ａ」「１」は型式指標を示している。これらの組み合わせにより、個々の型式を表示している。碗にも碗Ａだけでなく碗Ｂなど複数の形式があり、さらに口縁部の形状差異からａ（端部を丸くおさめる）・ｂ（端部を外反させる）・ｃ（口縁上方から端部を外反させる）と型式が分類できる。そして、灰釉陶器の高台の形状変化は、碗類共通に観察され短期間に推移する部位なので、年代比定の目安にもなる。高台は以下のように分類され、年代の明らかな愛知県猿投《さなげ》窯の灰釉のあり方や技法、形状などとの対比により年代が求められる。

０…断面形状がいわゆる「三日月」状で、他の高台形より高さのある鉤爪め形状を呈する。この形状の高台では、体部下半に回転ヘラ削りを施している。猿投窯折戸53号窯式１型式に比定され十世紀第1四半世紀。

1…0よりやや低く、外傾した高台の端部を内反させ「三日月」状を呈する。猿投窯折戸53号窯式2型式で十世紀第2四半世紀。

2…外傾した高台の外面端部を内反させるようにし、粗略な「三日月」状断面を呈する。猿投窯東山72号窯式で十世紀後半。

3…外傾した三角形状断面を呈し、ていねいなつくりを保持している。猿投窯百代寺窯式1型式で十一世紀第1四半世紀。

3'…3の高台に比して、端部を丸くおさめたやや低めの三角形断面となっている。猿投窯百代寺窯式1型式で十一世紀第2四半世紀。

4…外面を垂直とした低い三角形断面を呈し、つくりも粗い。猿投窯Ⅶ期第1型式古段階で十一世紀第3四半世紀。

4'…高台はさらに粗雑化し、断面形状が一定ではない。猿投窯Ⅶ期第1型式新段階で十一世紀末。

出土した灰釉陶器の生産窯は、近隣の愛知県豊橋市二川窯（三河国）と静岡県浜松市浜北宮口窯（遠江国）の製品を大半とし、わずかに静岡県島田市旗指窯産（駿河国）と美濃窯産（美濃国）が認められる。そして、器種ごとに生産窯の比率が異なっていて、碗類は二川窯と宮口窯を主体として、美濃窯は微量に止まっている。二川窯と宮口窯ともに碗形状に産地差異が認められず、生産量に違いがあったにせよ、両窯に共有の碗形式を生産している。碗以外で二川窯が主体となる器種としては、坏・蓋・高坏・鉢・羽釜・甕・大甕がある。深碗では宮口窯が二川窯と二分している。袋物の小瓶・長頸壺・壺・多孔壺では、宮口窯が二川窯を凌ぐ比率となり、美濃産や旗指産も他器種より比率を高くしている。大雑把に、日常雑器では二川窯が優位を占め、供養具などの袋物容器では宮口窯を主体として複数の産地から構成されていることがうかがえる。

器種比率では、碗類六七％・托八％・皿三％・坏八％・瓶類八％・他器種六％であり、碗類が圧倒的に多い。碗類には深碗や足高碗などのように形の異なる碗が含まれていて、用途により使い分けが行われていたのであろうが、それぞれの碗ごとでも比率に偏りが生じている。最も多いのは碗Ａで四一％、次に碗Ｂの一七％、深碗類一三％とつづき、他は一〇％に満たない。碗類の主体を構成し、一般に使用されている碗Ａ・Ｂだけで六割近くを占めている。

これらの大半の碗類が墨書土器が多く出土する上段池周辺に集中している。碗類の大方を寺院の日常生活に供されたとするには、生活具に占める碗の比率が異様に高い。加えて、内面に見られる使用による磨耗痕の少なさから六割以上の碗類がさして使用されていないので、寺院の日常生活に供したとはいえない。したがって、日常生活容器の碗類の多くは、寺院の日常生活で使用されるだけでなく、その大半が別の目的に供するため、たとえば法会などの仏教行事のため外部から大量にもち込まれたと考えられるのである。

なお、漆を内外面に塗布された碗が、一六点ほど確認されている。碗形式では、碗Ａで九点、碗Ｂで五点、碗Ｃで一点、足高碗で一点を数え、特定の形式に偏ってはいないようである。出土位置では、仏堂ＢⅠ石垣埋土下面からの出土が一二点あり、池跡一点、通路Ａ二点、仏堂ＣⅠが一点となっている。その他に、内面や外面に炭を付着させた碗類も確認される。

碗類　碗は口縁端部と体部および高台の形状によりＡ～Ｇの七つの形式に分類

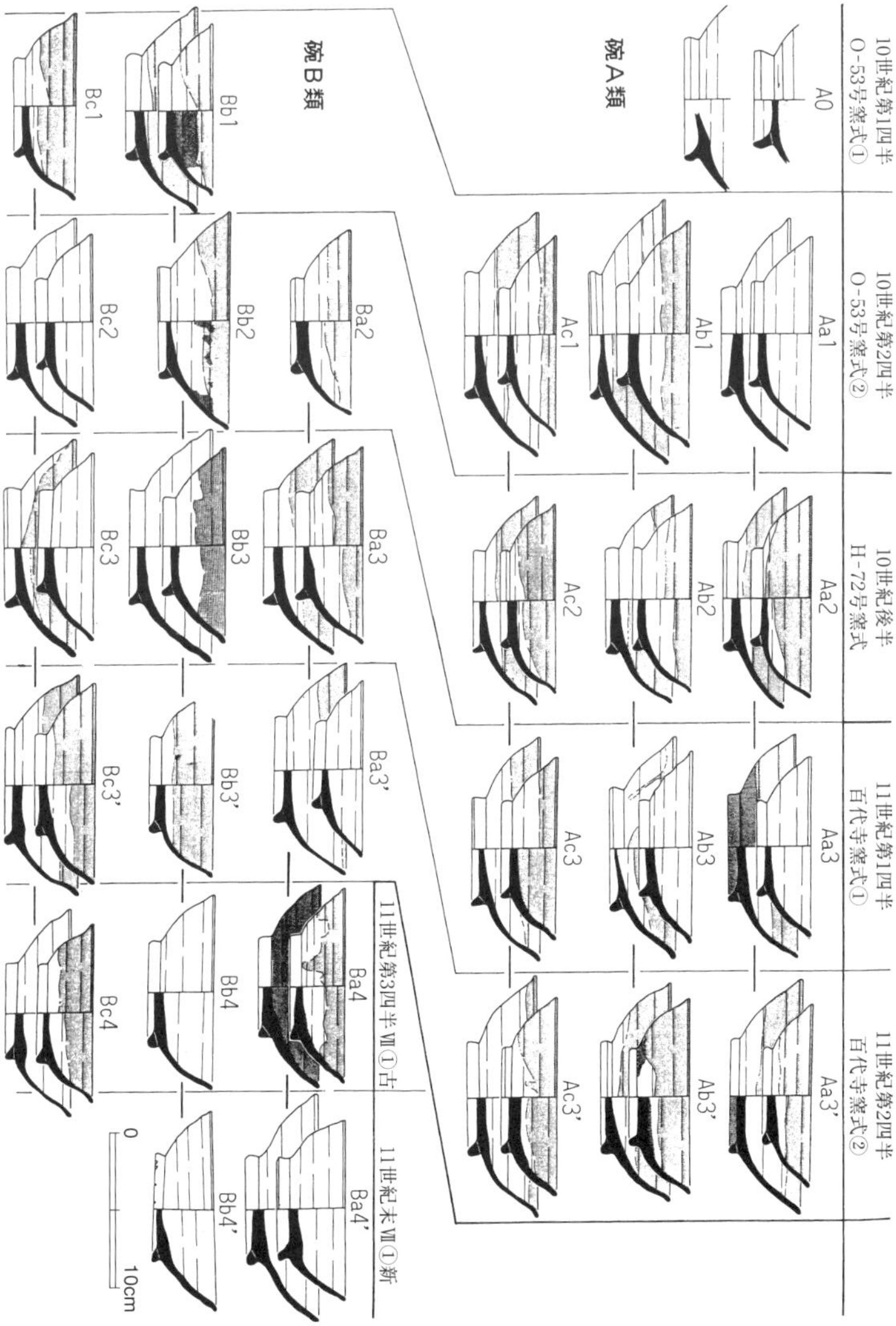

図27　出土灰釉陶器分類図（1）

される。その他の碗類として小碗・深碗・足高碗・大碗・輪花碗がある。碗類の灰釉のほとんどが漬け掛けで、内外面の口縁部に施されている。このうち、一般に使用されていた碗Ａ・Ｂだけで碗類の六割近くを占め、主体を構成している。

碗Ａ（図27）は、底部から湾曲して立ち上がり、外傾する口縁部に移行する。口縁端部と高台の形状によりさらに分類される。口径が一一㌢～一六㌢と法量分化し、高さ三㌢から五㌢と口径が大きくなるにつれ器高は高くなる。

碗Ｂ（図27）は、底部から湾曲して立ち上がり、外傾する口縁部に移行する。口縁端部と高台の形状によりさらに分類される。口径が一〇㌢～一五㌢と法量分化し、高さ三㌢から六㌢と口径が大きくなるにつれ器高は高くなる。碗Ａより器高が高いため深碗気味の形状となる。

碗Ｃ（図28）は、全体に浅碗の形状を呈する。口縁端部はａｂの二つが確認されるが、底部から緩やかに湾曲して立ち上がる体部形状のａに対して、ｂは直線的に外傾する体部である。高台は２～４の形状がある。口径が九㌢～一六㌢で、高さ二㌢から五㌢と口径が大きくなるにつれ器高は高くなる。口径値に幅があるので、法量分化を認めることができる。

碗Ｄ（図28）は、底部から湾曲して立ち上がり、外傾する口縁部に移行する。口縁端部をいちじるしく外反させる。口径が一二㌢～一六㌢で、高さ三㌢から五㌢と口径が大きくなるにつれ器高は高くなる。口径値に幅があるので、法量分化を認めることができる。

碗Ｅ（図28）は、底部から直線的に外傾する口縁部になり、端部を大きく外反する。口径一四㌢～一六㌢で、高さ四㌢から六㌢と口径が大きくなるにつれ器高は高くなる。高台は、一・五倍ほど

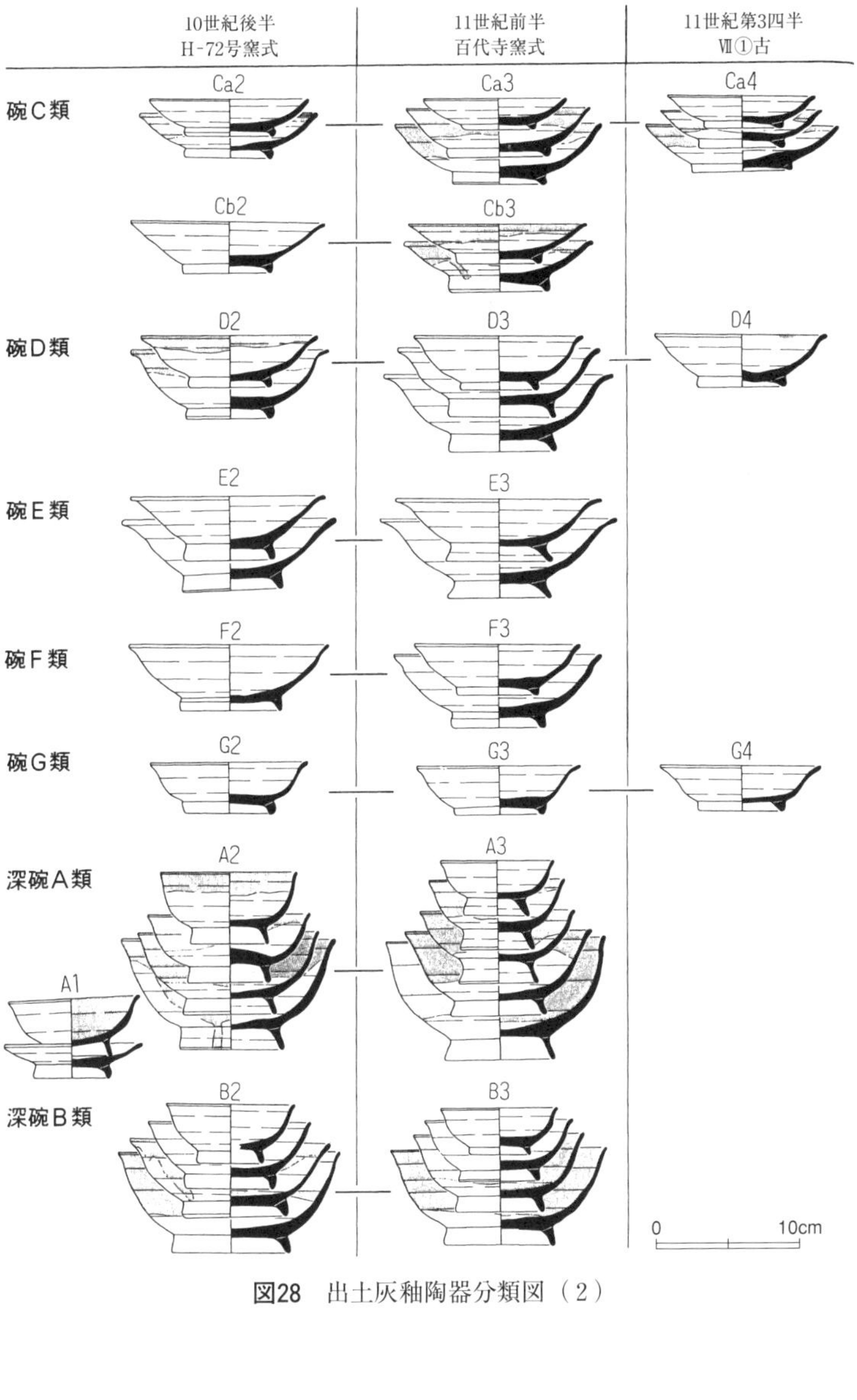

図28　出土灰釉陶器分類図（２）

高めである。口径値の幅から大小の法量分化がうかがえる。

碗F（図28）は、底部から湾曲して立ち上がり、口縁部を一端内反させ、外傾する端部に移行する。口径が一二㌢～一五㌢で、高さ三㌢から五㌢と口径が大きくなるにつれ器高は高くなる。口径値の幅から大小の法量分化がうかがえる。

碗G（図28）は、底部から湾曲して立ち上がり、外傾する口縁部に移行し、口縁端部をいちじるしく外反させる。形状が碗Dに類似するものの、口径一一㌢～一三㌢に対して高さが約三㌢と一定で、口径比による器高の変化はみられない。口径値の幅から大小の法量分化がうかがえる。

小碗A（図29）は、底部から湾曲して立ち上がり外傾する口縁部に移行し、口縁端部を外反させる形状のものと、底部から直線的に外傾する口縁部になり、端部を丸くおさめる形状の二種がある。前者は口径一〇㌢～一一㌢に対して高さが約三㌢と一定で、口径比による器高の変化はみられない。後者は、口径九㌢～一一㌢で大小の大きさがある。高さ二㌢～三㌢と、口径が大きくなるにつれ器高は高くなる。

深碗（図28）は、底部から大きく湾曲して立ち上がり、直立するほどの口縁部に移行し、口縁端を外反させる。口径八㌢～一六㌢に対して高さ四㌢～八㌢と、口径が大きくなるにつれ器高は高くなる。口径値に幅があるので、法量分化を認めることができる。深碗は高台の高いA類と低いB類の二種に分けることができる。

足高碗（図29）は、底部から湾曲して立ち上がり、外傾する口縁部に移行し、口縁端部をいちじるしく外反させる。口径が一三㌢～一九㌢で、高さ四㌢から九㌢と口径が大きくなるにつれ器高は高くなる。いちじるしく高い高台が特徴である。

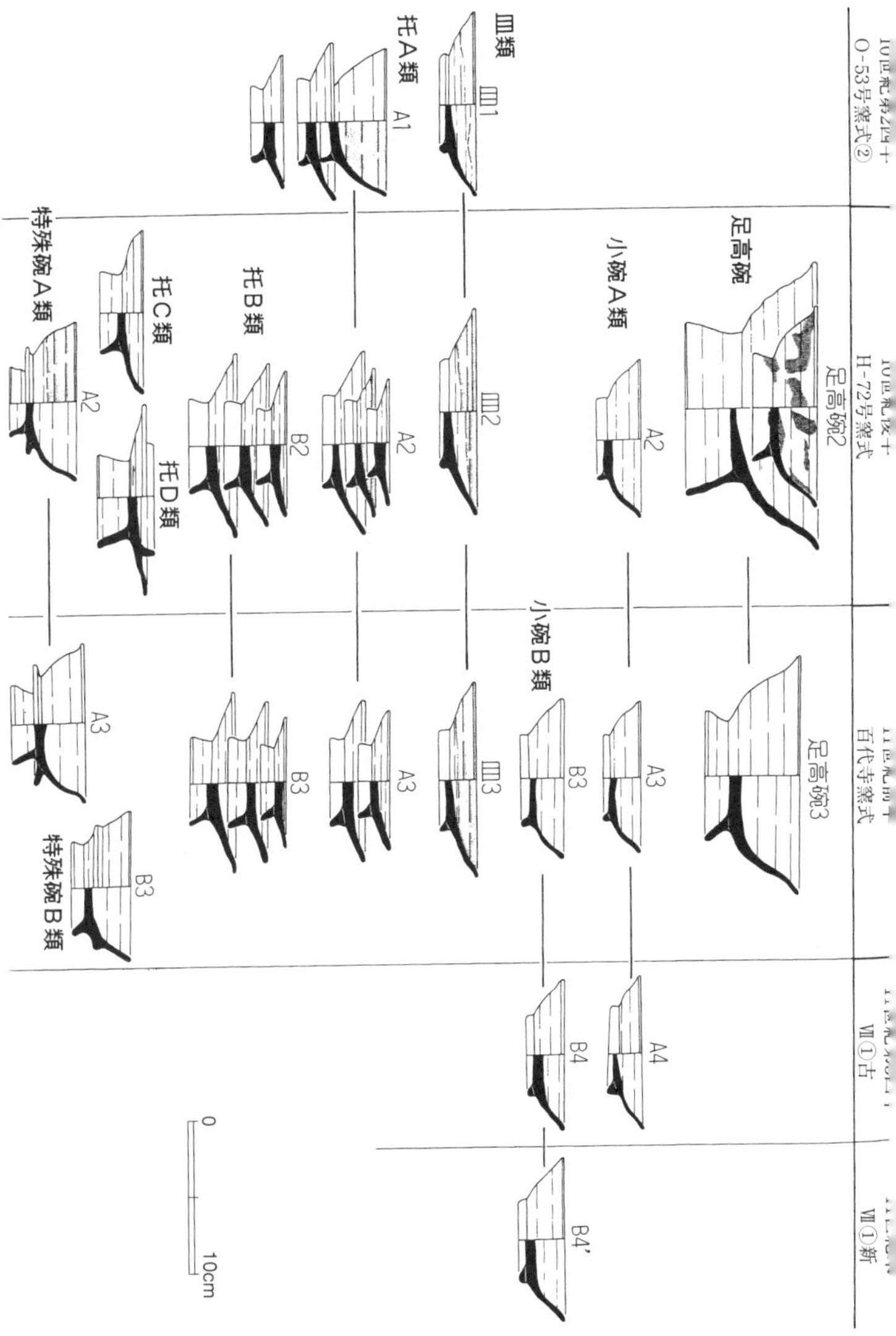

図29　出土灰釉陶器分類図（3）

大碗（図30）は、底部から湾曲して立ち上がり、外傾する口縁部に移行し端部を外反させる。口径が一九センチから二三センチ、高さ九センチほどと、他の碗にくらべて格段に大振りな碗である。

輪花碗（図30）は、深碗の口縁部の四方をヘラ押さえして形成されている。個体数は少ない。

托類

托類は、形状によりA～Dの四つに分類される（図29）。高台形状は、碗と同じに分類することができる。Aのほかは高台が高い。托類と碗類の関係は、図29のA1癒着資料より托Aと深碗Aが対応することがわかる。しかし、他の托類といずれの碗類が対応するのかを具体的に示す資料はない。おそらくは、深碗A・Bが托と組み合うのであろう。いずれも法量分化している。

托Aは、底部から緩やかに湾曲して立ち上がり、外傾する口縁部に移行する。端部は丸くおさめるものや外反させる形状がある。口径が七センチ～一一センチで、高さ一・五センチから二・五センチと口径が大きくなるにつれ器高は高くなる。二川窯と宮口窯が確認されるが、宮口窯が若干多いようである。

托Bは、底部から緩やかに湾曲して立ち上がり、外傾する口縁部に移行する。端部は丸くおさめるものや外反させる形状がある。口径が八センチ～一四センチで、高さ二センチから四センチと口径が大きくなるにつれ器高は高くなる。二川窯と宮口窯があるものの、二川窯が圧倒的に多い。托Cは、底部から緩やかに湾曲して立ち上がり、口縁部は直立して端部は丸くおさめる。口径が一一センチで高さ三センチを測る。二川窯のみ二点確認される。托Dは、底部から水平方向に口縁を延ばし、端部を丸くおさめる。見込み部位に堰堤状に高台の受け部を設けている。受け部径では、法量分化は認めがたく単一法量となっている。六器の供養具の托を模したの

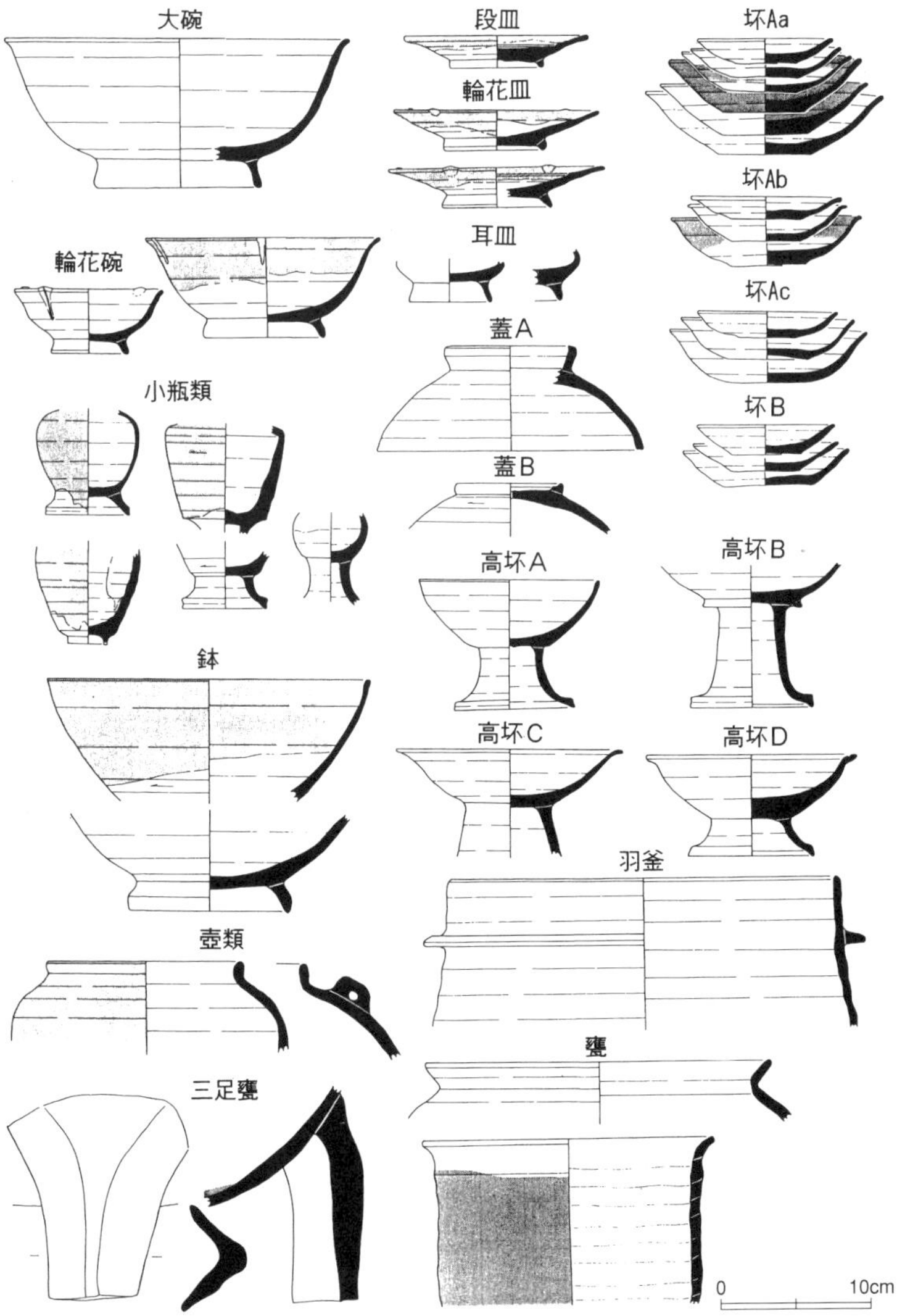

図30　出土灰釉陶器分類図（4）

であろう。二川窯のみが確認されている。

特殊碗　深碗の腰部に鍔を設け、碗と托を合体させた形状の碗（図29）で、AとBに分類される。特殊碗Aは、深碗Aの腰部に鍔を設け、托と合体させた形状である。口径一〇センチ～一一センチと単一法量で推移する。宮口窯と二川窯があるが、宮口窯が多く確認される。特殊碗Bは、深碗Bの腰部に鍔を設け、托と合体させた形状である。口径一〇センチと単一法で推移する。二川窯のみが確認され、宮口窯は皆無である。

皿類　二川窯と宮口窯が半々に確認されるが、両製品とも碗類にくらべ皿類の出土は多くはない。皿は、口径一二センチから一五センチと法量分化が認められ、器高は二～三センチ内で一定とする。段皿・輪花皿・耳皿（図30）も同様に出土量は少なく、宮口窯を主体としている。二川・宮口窯以外では、美濃窯産が出土している。

坏　底部は回転糸切り未調整が大半である（図30）。口縁端部に炭を付着させ、灯明皿として使用されたものや、胎土がいちじるしく白色を呈するものがある。形状として、湾曲させ立ち上がる坏Aと直線的に外傾するBがある。二川産が大半を占め、宮口産はわずか一点のみである。坏Aは口径が九センチ～一六センチで、高さ一センチから四センチと口径が大きくなるとともに器高も高くなる。口径値に幅があるので、法量分化を認めることができる。坏Bは口径が九センチ～一一センチで、高さ一・五センチから二・五センチと口径が大きくなるとともに器高も高くなる。法量値から大小に分かれる。

その他の器種　蓋（図30）は二川産が四点出土し、宮口産などは確認されていない。半球形の体部を呈し、つまみ部を高台状としている。つまみ部の形状から、比較的高いものをAとし、低い高台の上端に段を有し天井部に孔を穿ち端を折って受けとするものをBとした。Aは壺などの蓋、Bは六器の蓋と思われる。

高坏（図30）は二川窯が九点出土し、宮口窯などは確認されていない。坏部の形状によって四つに分類される。半球形をA、坏部下半に鍔を設けたB、口縁を外傾させ端部を大きく外反させるC、低脚で半球形の坏部から端を折り曲げ受け部をつくる有蓋をD。このうち、A・Bは六器の飲食器と考えられる。

低脚付きの小瓶（図30）は、二川窯や宮口窯、美濃窯が確認される。

大平鉢（図30）には、体部下方に回転ヘラ削り調整を施すものが多い。鍔を設けたものも見受けられる。ほとんどが二川窯である。

短頸壺と耳付き短頸壺（図30）が出土している。宮口窯と美濃窯があり、二川窯はない。

長頸壺（図31）は大小さまざまであり、把手付きのものも確認される。二川窯、宮口窯の他に美濃窯、駿河国の旗指窯が確認され、多孔壺とともに多くの産地が確認される器種である。

多孔壺（図31）には大小があり、その形態もさまざまである。二川窯・宮口窯・美濃窯とともに、駿河国の旗指窯も見受けられ、多くの産地が確認される器種である。

羽釜（図30）は体部に鍔を付けたものである。二川窯が二点ほど出土している。

甕（図30）は口縁を外傾させ長甕形状を呈する。同部に輪積み痕をよく残しており、小石を多く含む粗い胎土からなる。外面に煤を付着させたものもあるので、火にかけたのであろう。その他に、炭を付着させた三足の甕もある。大半を二川窯とする。

大甕（図31）は平行叩きを施し、外面に鉄釉を施したものが出土している。大半は破片となって

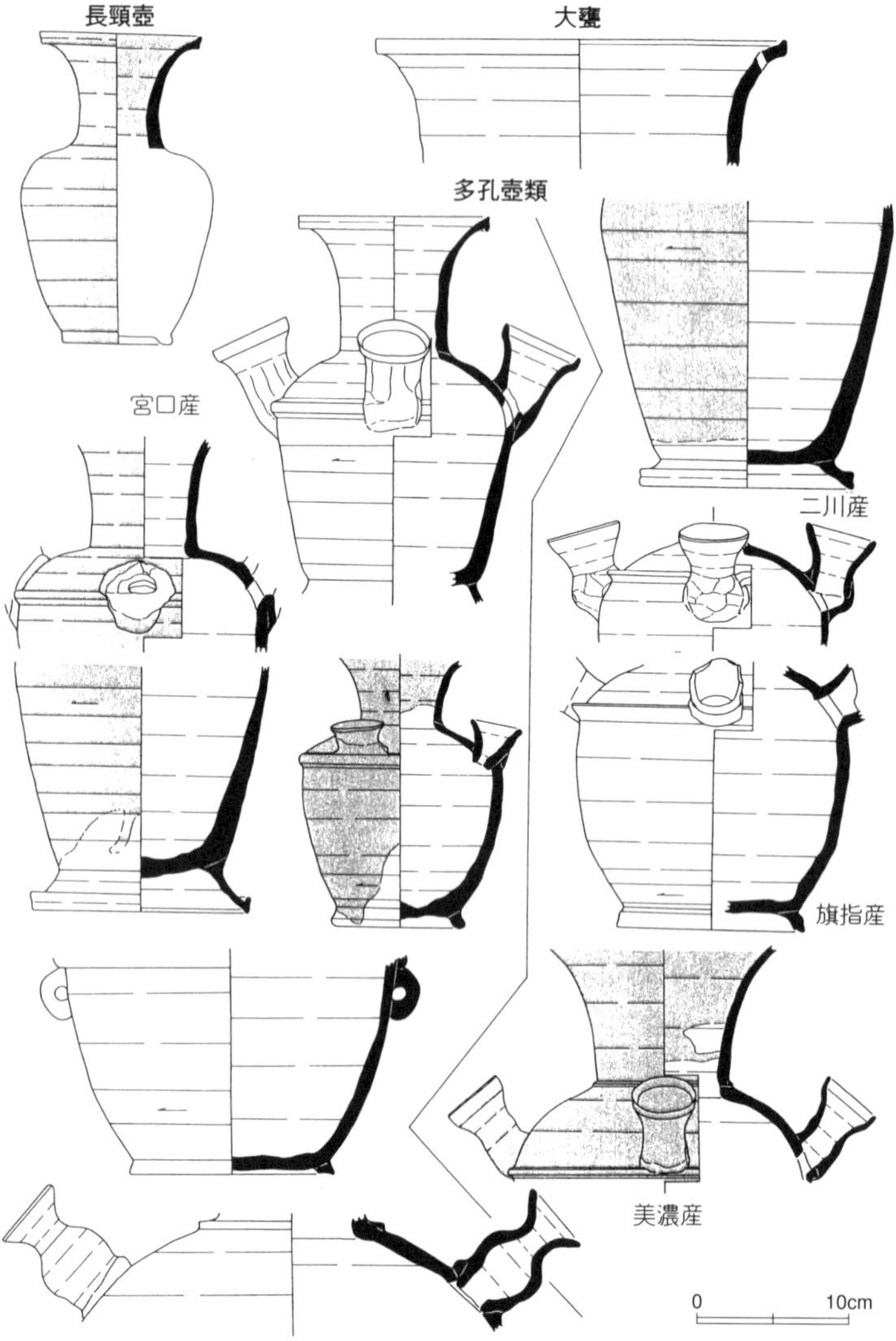

図31　出土灰釉陶器分類図（5）

いる。二川窯が大半である。

その他としては、傾斜硯（図32―5）、孔を穿ち紐を通して使用した陶鈴（図32―1・2）や三鈷鐃を模したであろう陶鈴（図32―3・4）が出土している。二川窯産が大半である。

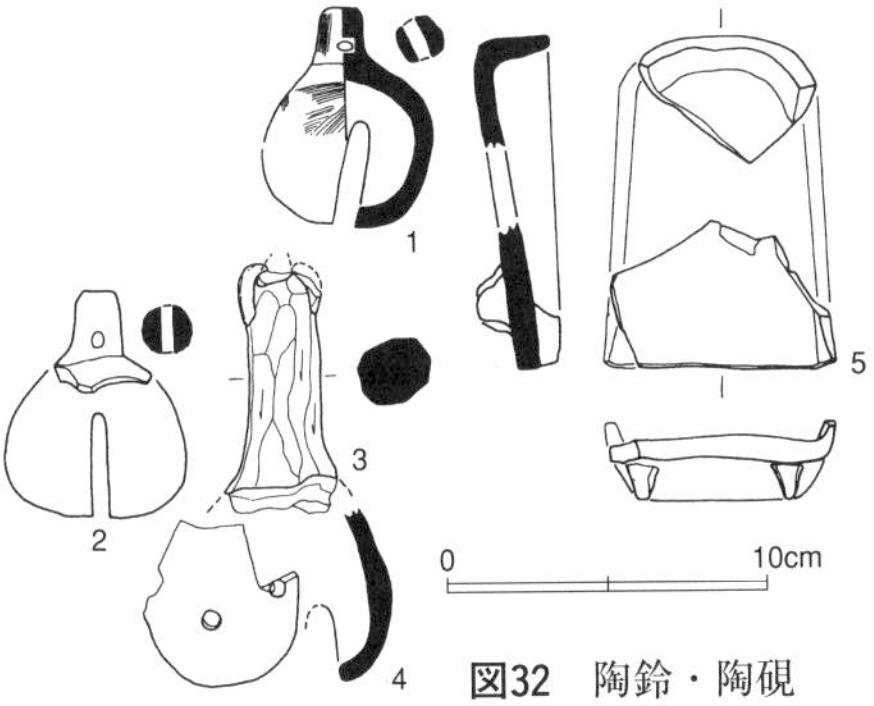

図32　陶鈴・陶硯

2　墨書土器

これまで出土した墨書土器の総点数は四四五点を数える。墨書されたすべてが、灰釉陶器の碗類・托・皿・坏の供膳器にかぎられており、他器種の灰釉陶器、あるいは土師器などの供膳器には施されていない。産地は二川窯が八三・五％と圧倒的で、一六％の宮口窯とつづく。少量出土している美濃窯産は二点のみにすぎない。

墨書主体の碗類では、その内面が摩耗しすべすべとなったものが五六％に及ぶ。日常使用頻度が高かったのであろう。墨書されていない碗類のそれが三六・四％なので、墨書土器には日常生活で頻繁に使用された器がもっぱら供される傾向にある。とはいえ、内面に墨書されたものでは墨痕の鮮やかな文字も多く、薄いものでも使用によって磨耗したものは見当たらないので、墨書後は使用されることはなかった。碗使用の最終時に墨書を施しその後ただちに廃棄されたのであろう。以下、墨書土器について概観しよう。

墨書部位

墨書された部位は、内面の見込み部位と底部外面の両面に施すものが二

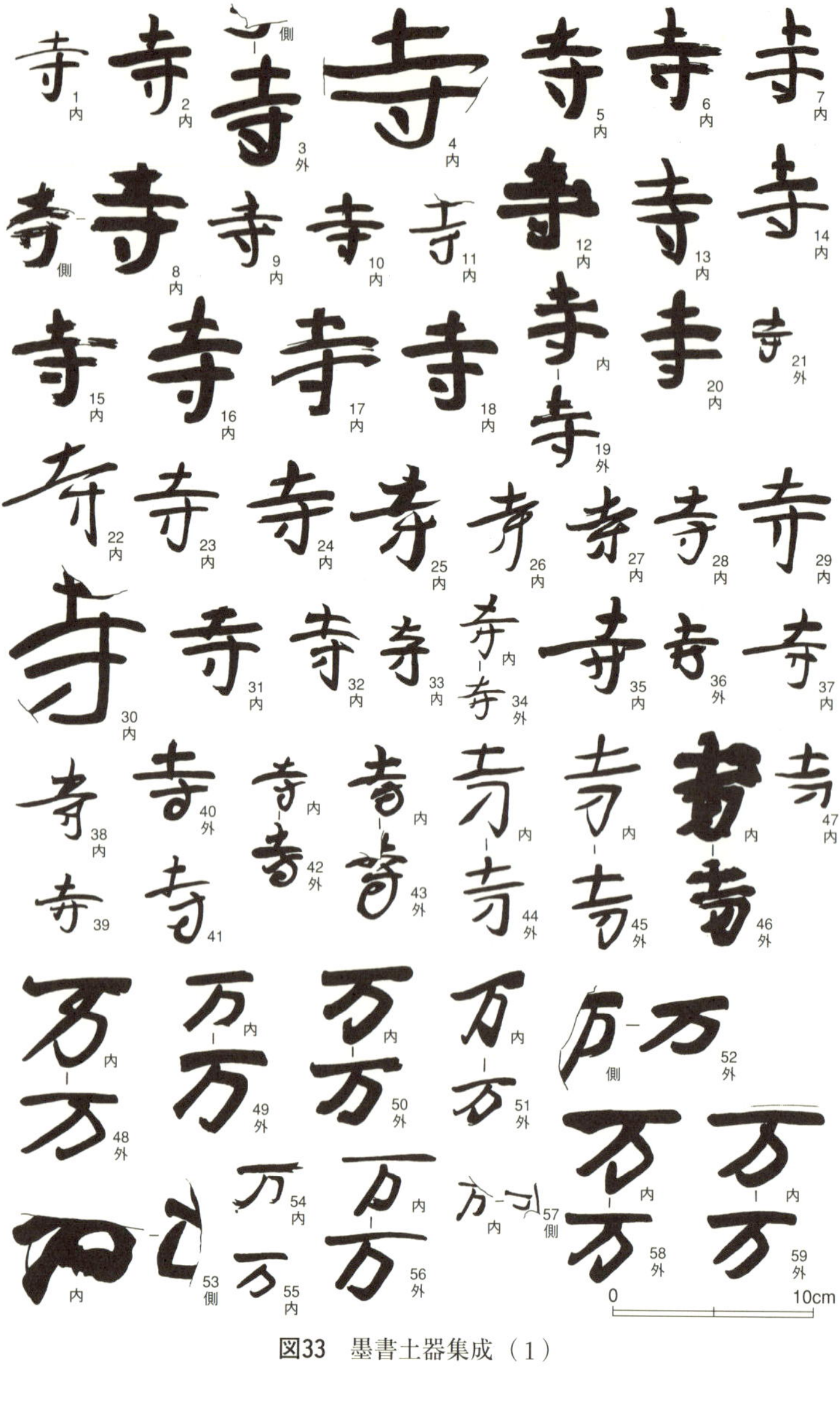

1 内
側
2 内
3 外
4 内
5 内
6 内
7 内
側
8 内
9 内
10 内
11 内
12 内
13 内
14 内
15 内
16 内
17 内
18 内
内
19 外
20 内
21 外
22 内
23 内
24 内
25 内
26 内
27 内
28 内
29 内
30 内
31 内
32 内
33 内
内
34 外
35 内
36 外
37 内
38 内
39
40 外
41
内
42 外
内
43 外
内
44 外
内
45 外
内
46 外
47 内
内
48 外
内
49 外
内
50 外
内
51 外
側
52 外
内
53 側
54 内
55 内
内
56 外
内
57 側
内
58 外
内
59 外
0
10cm

図33　墨書土器集成（1）

60 内 外
61 内 外
62 内 外
63 内
64 内
65 内
66 内
67 内 側
68 内
69 内 外
70 内 外
71 内
72 内
73 内
74 内 外
75 内 外
76 外
77 外
78 内 外
79 内 外
80 内 外
81 内 外
82 内
83 外
84 内 外
85 内 外
86 内 外
87 内
88 内
89 内 外
90 内 外
91 内 外
92 内 外
93 内 外
94 外
95 外
96 外
97 内
98 外
99 内 外
100 内
101 外
102 内
103 内
104 外
105 外
106 内 外
107 外
108 外
109 外
110 内 外
111 外
112 外
113 内 外
114 外
115 外 側
116 外
117 外
118 内
119 内
120 内
0
10cm

図34　墨書土器集成（2）

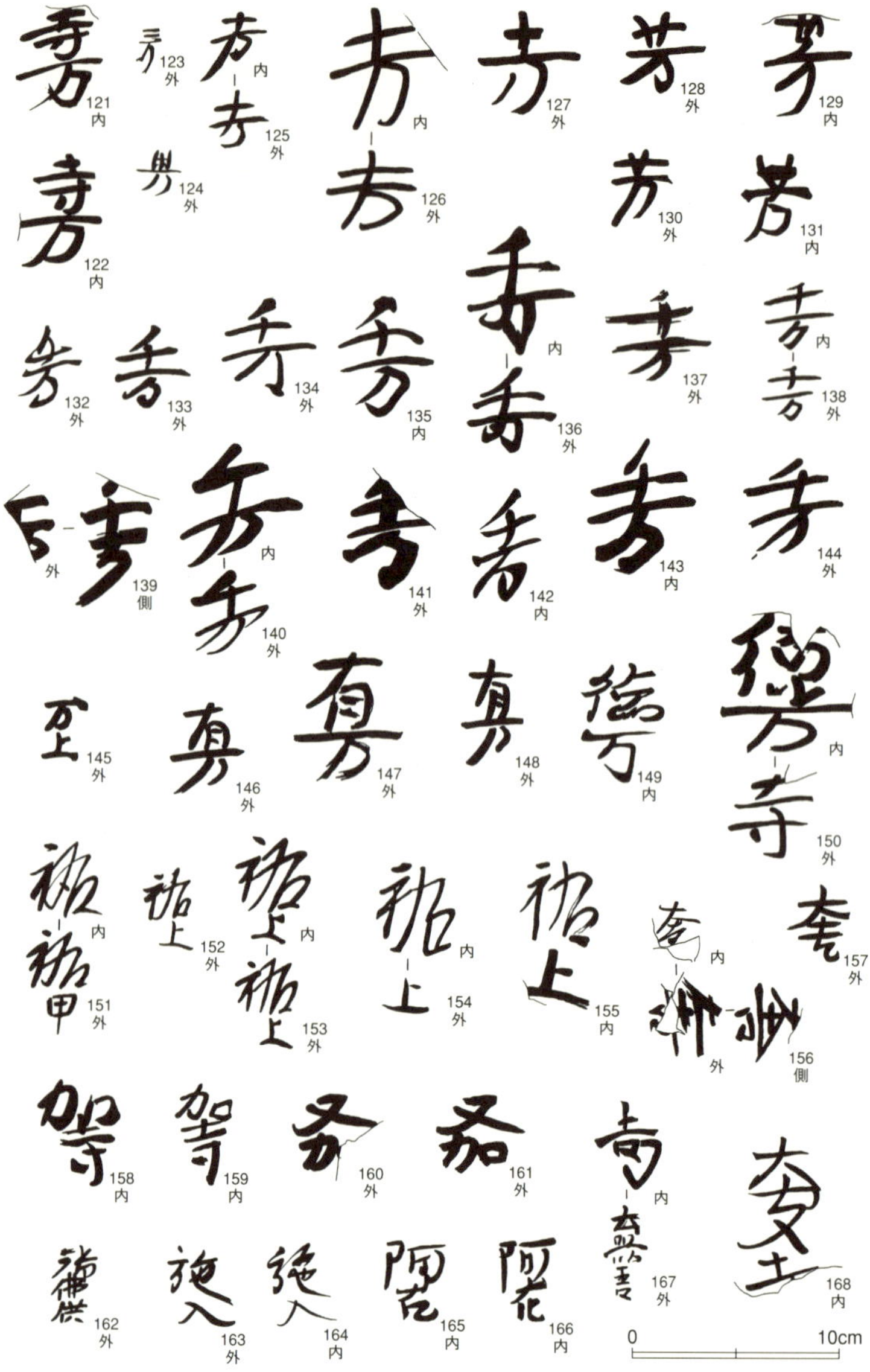
121 内
122 内
123 外
124 外
125 内 外
126 内 外
127 外
128 外
129 内
130 外
131 内
132 外
133 外
134 外
135 内
136 内 外
137 外
138 内 外
139 外 側
140 内 外
141 外
142 内
143 内
144 外
145 外
146 外
147 外
148 外
149 内
150 内 外
151 内 外
152 外
153 内 外
154 内 外
155 内
156 内 外 側
157 外
158 内
159 内
160 外
161 外
162 外
163 外
164 内
165 内
166 内
167 内 外
168 内
0
10cm

図35　墨書土器集成（3）

四・一％、内面の見込み部位が四四％、底部外面が二七・四％、口縁側面には四・五％となっている。墨書部位については、碗の内面に施されているものが全体の七割近くに達していることが大きな特徴となっている（図中の「内」は内面、「外」は外面への墨書を示す）。

内面への墨書は一般的なことであろうか。比較事例を三例あげよう。まず、千葉県下では出土墨書土器約四千点を数えるが、四・六％が内面へ墨書を施しているにすぎない。これは、時代も性格も異なる消費遺跡二二七遺跡の総計ではあるが、それにしても占める割合が少ない。静岡県下では大知波峠廃寺を含まない一五二〇点ほどの出土墨書土器中、わずか〇・四六％である。もう一例、寺院跡から多量の墨書土器が出土した例に石川県浄水寺跡がある。浄水寺跡は十世紀から十一世紀を中心とする山寺であるが、出土した六〇〇点の墨書土器のうち、内面に墨書を施しているのは一・一％ほどである。このように、他の遺跡においては内面への墨書はきわめて少ないことがわかる。

となると、大知波峠廃寺のそれは異常な割合となる。通常、内面に墨書する場合に液体を入れる器であったなら実用としての意味はなく、固体の場合は磨消のおそれがあるので、特殊な用途に供したと考えられる。

墨書文字

墨書文字は、基幹となるいくつかの一文字とその組合せからなる吉祥句の文字群が大多数を占めている。寺と万とその組合せからなるものが五七・七％と多くを占め、祐・祚・吉で一五％、他文字は九・五％となっている。文字形や運筆の明瞭な墨書を集成したのが図33〜35であるが、字形には同一人物の手によるものも見受けられるが、多くは複数の手による書体である。順次基幹となる個々の文字から見ていこう。

まず、遺跡の性格を端的に示す「寺」であるが、寺とその組合せからなるものが二九％を占める。筆順は今日と同様であるが、字形は「寸」の違いにより七つほどに分かれる。「寺」と他の組合せ文字は、「万」との組合せの「寺万」が六点出土している。その他に内面に墨書された「加寺」の三点がある。図35―159が仏堂DⅡより、図35―158が上段池より出土しているが、「加寺」を単に組合せ文字として扱えない。「寺万」のように吉祥句の組合せではなく「加寺＝加持」と理解したい。仏堂DⅡでは加持祈祷などの呪法を行ったのであろう。「寺」文字単独でも内面と外面では、「抽、太、施、上、徳万」というように文字の異なるものがある。

「万」は、組合せを含めると二八・七％と寺字に次いでいる。組合せ文字は、「二万、十万、廿万、卅万、千万、万上、有万、徳万」がある。数字と万との組合せ文字には、「芳」ではなく「廿万」の〝合せ文字〟である図35―128～131のように、一見、一文字と見誤るものが多い。十万、千万も同様である。

「祐」は組合せを含めると九・四％である。組合せ文字は、「祐上、祐万、祐甲」がある。「祚」には組合せ文字がなく単独の使用で三・四％である。「吉」は唯一の組合せ文字「大吉」を含めて二・五％である。その他の一字の吉祥句としては「甲、平、上、長、寿、田、千、明、弥」がある。特殊な字句としては図34―108と109の卍がある。

用途を明瞭に記した字句には図35―163・164「施入」、図35―167「六器五口」、図35―162「御佛供」がある。これら用途を明らかにするものは、外面底部の部位に記されたものがほとんどである。

その他に、内面へ「阿花」と記された図35―165・166がある。阿花は「閼伽」に同じと理解してよく、内面墨書の率が高いことと墨書の大半が水に関連する遺構からの出土であることと併せ、興味深い語句である。

「大?寺」の図35―168は、検出時より寺院名と目されてきた語句である。真ん中は皮に類似し、さんずいを省略した「波」に比定され、「大知波寺」を略した「大波寺」の可能性がある。内面墨書の異様な出土割合が大知波峠廃寺跡の特長であり、「阿花」「加寺」などの墨書が「特殊な用途」の行為を示唆する。

出土位置　墨書土器の出土箇所は、上段池だけで五一%と半分を占める。下段池で八・八%、仏堂BⅠ石垣埋土下層面と通路Bからは一六・二%、他遺構から出土した墨書をかき集めても一六・六%にすぎない。表採の七・四%は、採集者の記憶によれば上段池かBⅠ下方のようである。したがって、阿花＝閼伽という墨書文字に象徴されるように、墨書土器の七五%が水に関連する上段池とBⅠ周辺からの出土である。同じ池でも下段の出土率が低いのは調査面積にもよるものの、両者の役割に大きな違いがあったからであろう。上段池内でも東側の護岸石垣周辺に六割が集中し、BⅠ石垣埋土下面やBⅡ整地土下面からはそれぞれ二割の出土となっている。

墨書の年代推移　墨書土器の時期ごとの出土率は、Ⅰ期十世紀第2四半世紀が二・三%、Ⅱ期十世紀後半が三一・八%、Ⅲ期十一世紀前半が六四・六%、Ⅳ期十一世紀後半が〇・三%である。墨書点数が拡大していく十世紀第2四半世紀から十一世紀前半は、建物数の増加と池を含めた伽藍の整備にともなったものと理解される。一方、十一世紀後半に墨書土器が激減するのは、墨書の役割が終わったか、役割が別のものに置き変わったかのいずれかであろう。墨書部位の推移では、十世紀後半では八〇％ほどあった内面墨書は十一世紀前半で六二・八％と減少傾向にあり、対照的に外面墨書は三三％と倍増している。側面墨書の率はあまり変わることはない。

3　刻書土器

刻書文字は、九点出土している（図36）。灰釉陶器碗の図36―1は、上段池の護岸石組遺構周辺から出土し、内面見込み部位に「寺」とヘラ書きされている。表採された図36―2も同様である。両字とも酷似しており、同一人物の手によるものであろう。これらは、内面墨書と共通する行為に根ざしていると考えられる。内面ヘラ書き土器は、内面墨書以上に使用を制限されるため、制作当初から明確に限定された行為のために文字を刻んでいるのである。これらのヘラ書き土器は、磨耗した痕跡もなくさして使用されることなく、制作後、ただちに境内にもち込まれたようである。刻字された文字が発注者を示すものであるならば外面に施せば事足りるであろうし、刻字された器は特殊な器でもなくごくありふれた碗や坏・壺なのである。刻字した本人あるいは依頼した者が、内面墨書と共通の行為に参加するために用意したのであろう。

土師器坏の内面見込み部位に「万」とヘラ書きされた図36―3・5は、仏堂BⅡから出土している。土師器壺の内面に「万」とヘラ書きされた図36―4は下段池南側、図36―6は仏堂BⅠ石垣埋土、図36―7は仏堂BⅠから出土している。「万」のヘラ書きは、渥美半島の坪沢古窯で数多く出土しているが、時代は十二世紀代で山茶碗の短頸壺

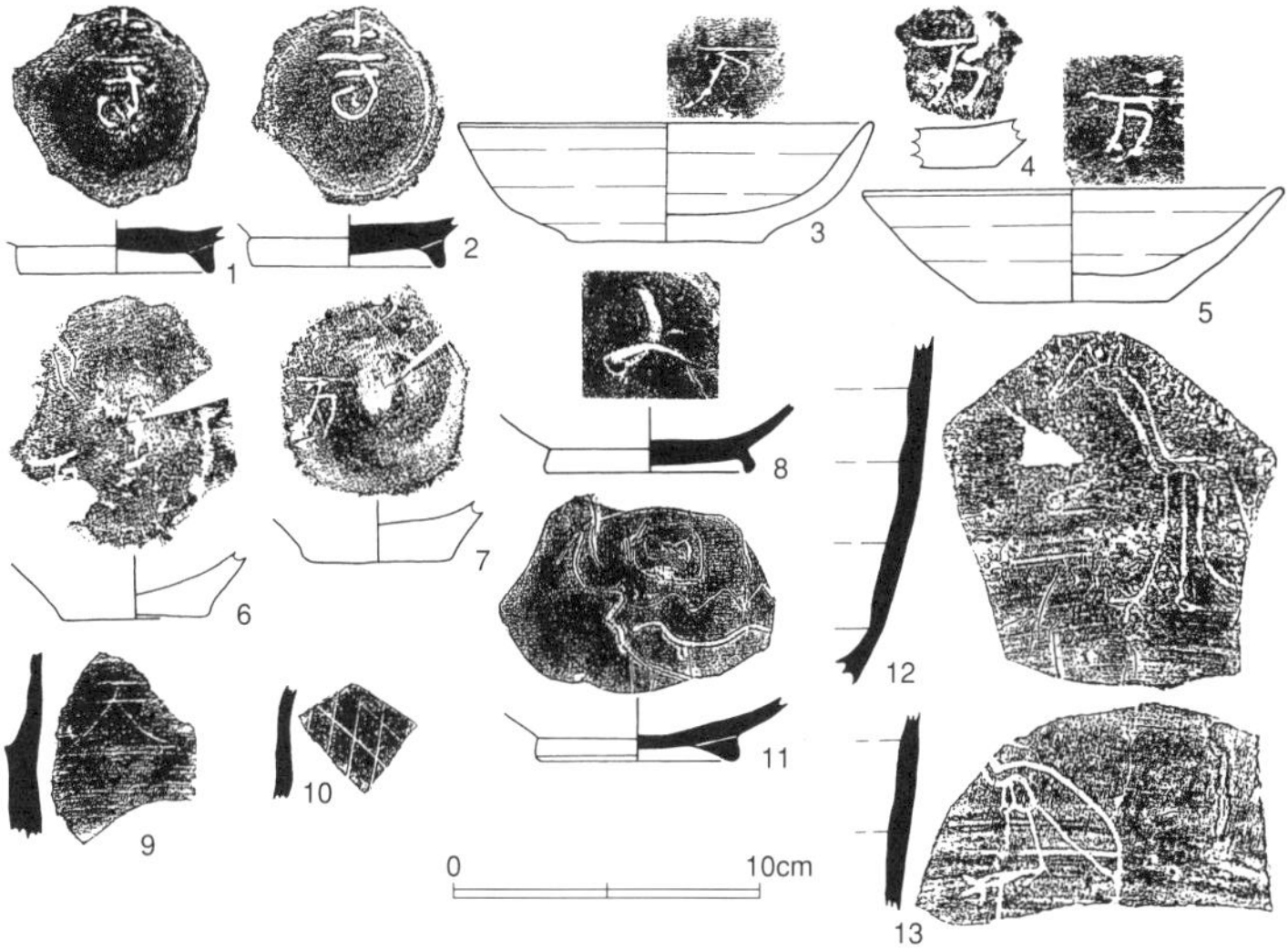

図36　刻書土器

や長頸瓶の外面肩部にヘラ書きされている。「上」と灰釉陶器碗内面にヘラ書きされた図36―8は、厨Fから出土している。灰釉陶器長頸壺の頸部に「天」と線刻された図36―9は、上段池の北側拡張区から出土している。

絵画土器は、四点出土している。格子文様を描いた灰釉陶器図36―10は、門Gから出土している。灰釉陶器碗の内面に山水を表したような線画図36―11は、上段池から出土している。灰釉陶器長頸壺の胴部に描いた鷺絵図36―12は仏堂Aから出土し、同様の鷺絵図36―13は仏堂CⅠから出土している。二点の鷺絵は、稚拙な線画ではあるが写実的な描写である。両者とも宮口窯の長頸壺に描かれ、仏堂から出土している。供養具なのであろう。

4　土師器

出土器種としては、坏・碗・托・鉢・小瓶・壺・甕・鍋がある。坏・鍋の出土量が最も多く、他の器種は微量である。坏・碗・托・鍋は、口径値により大小の群に分かつことができる。出土状況は、仏堂と想定されるA・BⅠ・BⅡ・CⅠ・DⅡからはかならず土師器坏が出土し、他の土師器器種はさして出土しない傾向にある。仏堂以外の建物F・GやE隣接遺構、下段池周辺では鍋などの煮炊具が多い。上段池からは、思いのほかに土師器の出土は少ないのである。土師器を一括で出土している遺構としては、仏堂Aの須弥壇正面と仏堂BⅡ南東の埋納遺構Bがある。

坏　坏は灰釉陶器の坏と同形状で底部糸切り未調整の坏A・Bと手びねりの坏Cがある（図37）。坏Aは口縁部の形状によって五つに分かつことができる。法量値は、口径値に幅があるものの八・五センチ〜一〇センチ内と一二センチ〜一六センチの大小に分かれるものと、ほぼ単一法量のものがある。灯明皿として使用されているものもある。

碗　碗は低い三角形断面の高台形状の碗Aと、長脚高台で深碗の碗Bの二種がある（図37）。口径値は一〇センチ〜一一センチと一五センチほどの大小に分かれる。わずか一一点ほどの碗の出土位置は、六点が上段池からの出土であり、礎石建物からはわずかに出土するにすぎず、坏の出土状況とは異なっている。

托　托は仏堂Aの須弥壇前より出土した七点のみである（図37）。口径値も九センチ、一〇センチ、一二センチ前後の大中小に分かれる。灰釉陶器托と形状は同じであるが、仏堂Aの須弥壇前の出土状況より、深碗の土師器碗Bとの組合せとはならず、

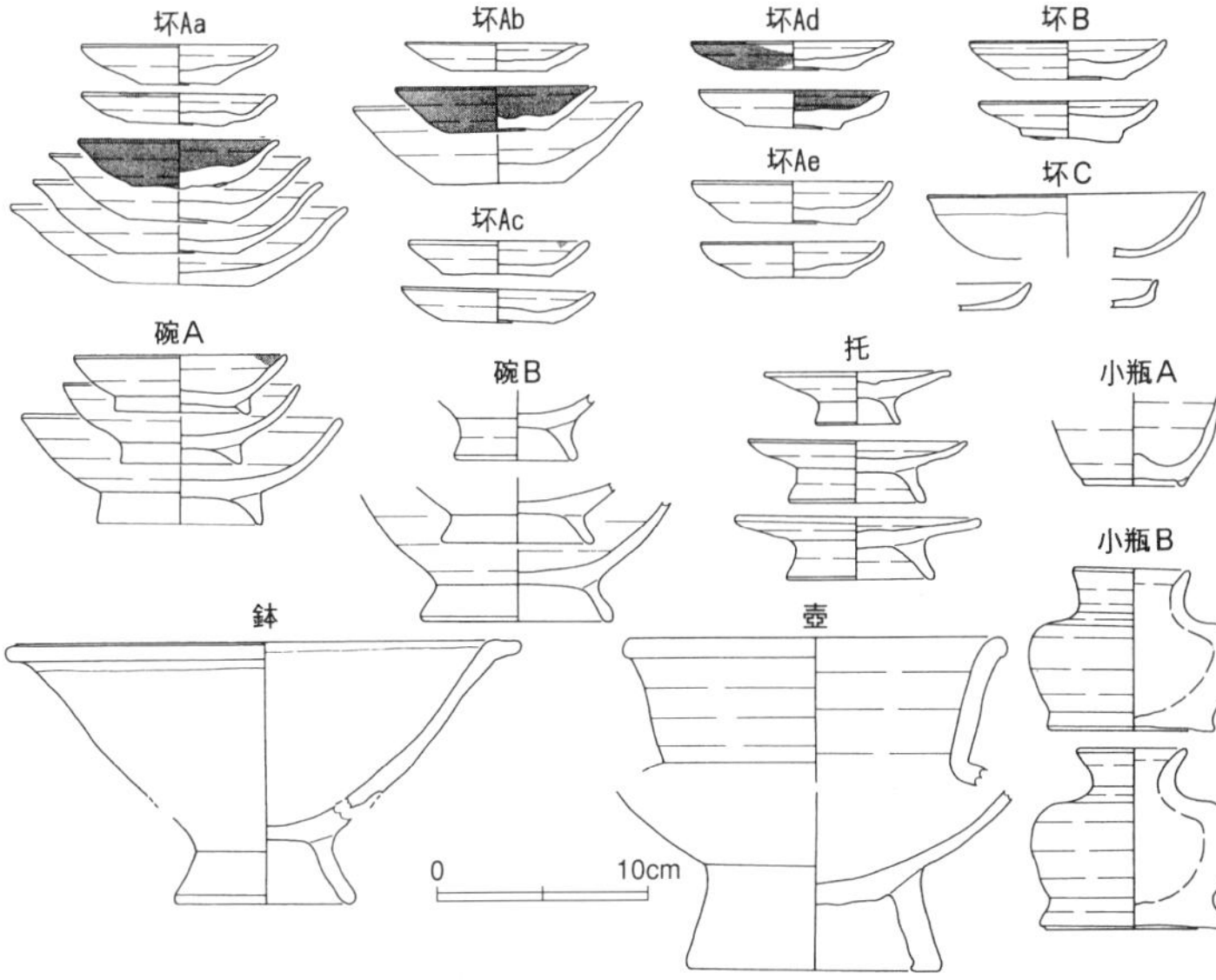

図37　出土土師器分類図（1）

坏同士の組合せとなる。

鉢

高台付の鉢（図37）が仏堂BⅡから出土した。外面は粗い撫で調整を施し、口縁部を横撫でし内面を研磨している。内面には、所々に火を受けたため生じた黒斑を認める。仏堂から出土しているので、調理に用いたのではなく仏堂にて行う行為に供したのであろう。

壺

壺（図37）の出土点数は六点と多くはない。「万」の刻書された平底の小型壺三点と足高の高台とする壺三点がある。

小瓶

小瓶（図37）は仏堂DⅡより高台を有する小瓶Aが出土している。埋納Bからは、底部を糸切り未調整とし肥厚させた小瓶Bの五点が出土している。

甕

平場2より出土した白っぽい胎土の甕口縁部破片がある（図38）。口縁部をいちじるしく鋭角に屈曲させ鍔状にのばし横撫で調整とし、体部に撫で調整を施す。八世紀後半の三河地域に分布する「三河型」甕に比定される。

鍋

坏とともに出土量の多い器種が煮炊具の鍋である（図38）。鍋の形状は、口径に最大値を有し、胴張り気味の体部から丸底の底部へと移行する。口縁部を横撫で調整とし、体部外面に粗い撫で調整を施す。内面を研磨するように撫でを行い、内面の口縁から体部の境を明瞭な屈曲とする。

外面や内面に煤を付着させた個体もあり、鍋を煮沸に用いたのは明らかである。口径値は一八センチ前後と二二センチ～二八センチの三つ以上の法量値がある。口縁部形状の違いを除けば、形状や技法から同じ系譜に属する単一の形式と理解される。口縁部形状の違いは時期差による型式差異とみなすことができよう。これら鍋は、十～十一世紀頃に三河を中心として伊勢、尾張、美濃、遠江の太平洋沿岸部に広く分布する。

鍋は、口縁の形状によりＡａ～Ａｆに分類される。Ａａは「く」の字形に口縁を屈曲させ、端部を方形としている。横撫で調整された口縁部の上端面と口縁端部外面をさらに横撫で調整を施したためか、上端面が凹状あるいは舌状となるものもあり、これが型式変化を引き起こす要因の技法となっている。口縁と体部の境とする内面の屈曲を明瞭とする。Ａｂは口縁部を「く」の字形に屈曲させ、Ａａより短い口縁とし肥厚化している。外端を水平に延ばし、端部面を上方に向ける。Ａｃは口縁部を「く」の字形に屈曲させ、さらに短い口縁とし肥厚化させる。外端を斜め上方に延ばし、端部の上面をくぼませる。Ａｄでは外端を三角形状に引き出すことにより、「く」の字形の口縁を形造る。ＡｅもＡｄと同様であるが、外端をやや長く延ばして垂下させるか水平とし鍔状の形

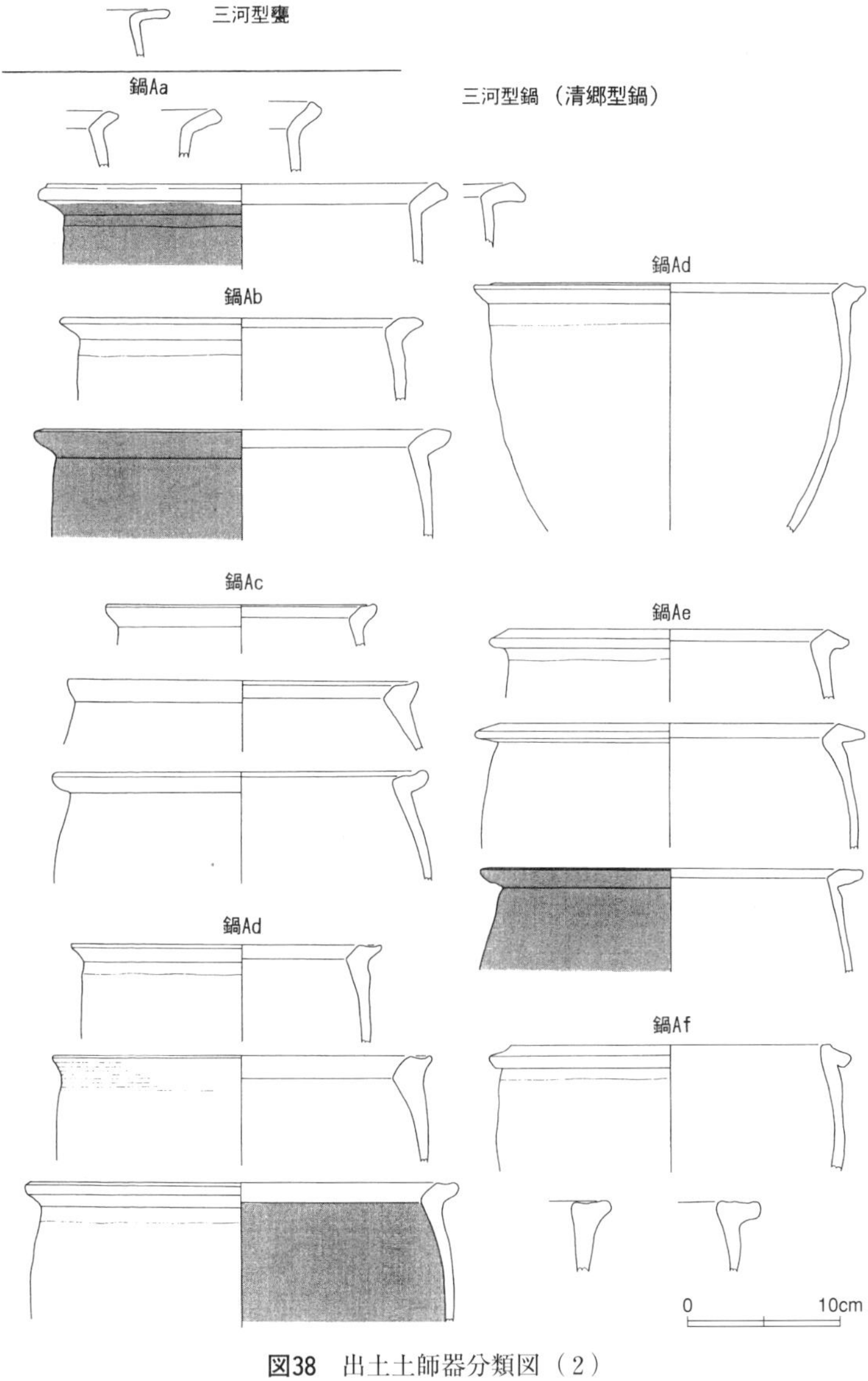

図38　出土土師器分類図（2）

状を呈する。ＡｆではＡｅまで明瞭であった口縁と体部の境とする内面の屈曲が失われ、体部端に口縁を垂下させるか水平とするように張り付けた形状となる。

５　緑釉陶器

　出土器種は、碗（図39―１・２・５～８）と鉢（図39―３）、花瓶（図39―４・10）、香炉（図39―11）がある。出土位置は、碗１・２と鉢３は灰釉陶器長頸壺とともに、仏堂ＢⅠ東側石垣中程の埋土最上層から一括出土しており、埋土下層の遺物群とは区別され仏堂ＢⅠにともなうものと理解される。緑釉鉢と灰釉長頸壺の完形状況から、一括埋納された可能性がある。仏堂Ａから碗７と花瓶脚10。通路Ａから碗８。上段池上層から碗５・６、花瓶脚４、香炉11が出土している。図示していないが碗の小破片が、厨Ｆと門Ｇより出土している。

　これら緑釉陶器の生産地は、大知波峠廃寺に最も近い二川灰釉陶器窯である。そして、大知波峠廃寺から出土している緑釉陶器には、胎土を緻密な灰色とし施釉色を明緑色の碗６・８、鉢・香炉・花瓶のⅠ類、胎土が赤褐色で施釉色を濃緑色とする碗１・２・５・７のⅡ類という二種が確認される。この違いは時期差によるもので、Ⅰ類は十世紀前半から中頃、Ⅱ類は十世紀後半の所産である。

碗

　碗１は、口径一一・八《センチ》、高さ四・一《センチ》を測り、腰部を湾曲させ口縁部端をやや外反させる。内外面ともに濃緑色を呈し、糸切り未調整の底部外面には施釉していない。内面底には三ツ又トチン痕を有し、高台は貼付けで接地面を段状とする。Ⅱ類に属する。

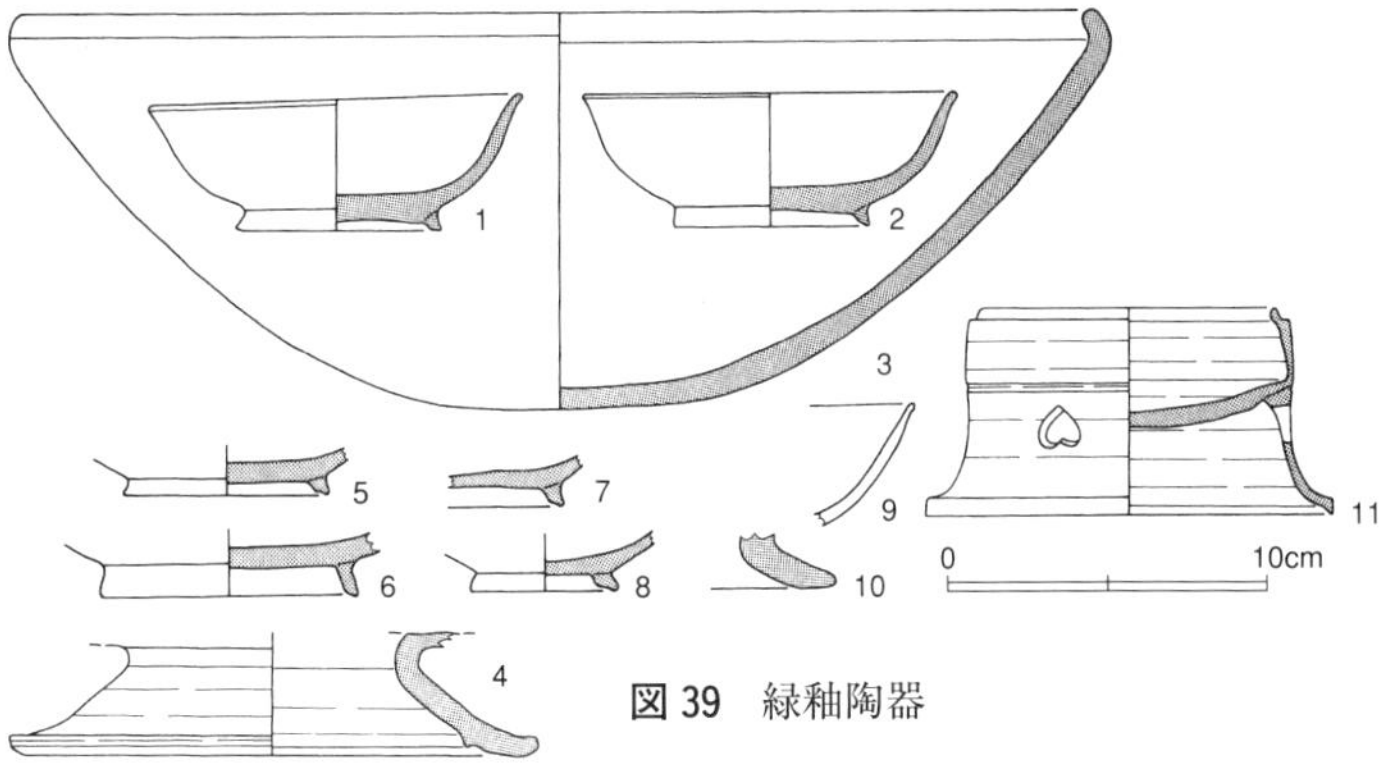

図39　緑釉陶器

碗2は、口径一一・八㌢、高さ四・〇㌢を測り、腰部を湾曲させ口縁部端をやや外反させる。糸切り未調整の底部外面を除く全面に暗緑色の施釉を施している。内面底には三ツ又トチン痕を有し、高台は貼付けで接地面を段状とする。Ⅱ類に属する。

碗5・7も2と同じ色調の施釉で、形状や技法、胎土も同じⅡ類に属する。

碗6は底部のみであり、高台をやや長めの方形とする。内外面ともに施釉され、内面に三ツ又トチン痕を有し、底部に回転ヘラケズリ調整を施している。Ⅰ類に属する。

碗8も底部のみで高台を貼付けとし接地面を段状とする。内外面ともに施釉され、三ツ又トチン痕は確認されない。体部の内外面にミガキ調整を施し、底部を回転ヘラケズリ調整としている。高台径が小さいので、碗ではなく蓋となる可能性が高い。Ⅰ類に属する。

鉢

鉢3は口径三四・五㌢、高さ一二㌢を測り、内外面とも明緑色を呈し口端部を内側にいちじるしく湾曲させ、鉄鉢形となる。内面の釉薬は同心円状に縞模様となっており、刷毛で施釉したのであろう。体部にはヘラ削り痕を大きく残している。Ⅰ類に属する

香炉　香炉11は口径一〇センチ、高さ六・三センチ、底径一二・八センチを測り、猪目状の透かしを脚部に配する。口縁部には受け部を設けるので、蓋が付く。内外面ともに施釉され、外面全体にはべったりと煤が付着している。I類に属する。

花瓶　花瓶脚部破片4・10は、施釉の落剝がいちじるしい。両者は別個体である。I類に属する。

6　木製品

小型の木製品のほとんどが上段池北東から出土し、据置水槽は上段池の北側から出土している。杭や木っ端あるいは自然木枝などは、上段池全体から出土している。上段池出土の木製品のほとんどが池底から出土していて、十世紀代に属する木製品が大半である。下段池跡からは、調査面積の狭さにもよろうが、木製品は検出されていない。

刀状木製品　刀を模した図40—1は、長さ六四・三センチ、幅五・三センチ、厚さ一・九センチを測る。片刃となるように加工し、柄部を方形としている。

剣状木製品　両刃の剣を模した図40—2は、残存長四六・九センチ、幅七・三センチ、厚さ一・七センチを測る。柄部は切り落とされ形状は不明である。刀と同じ木質でていねいにつくられている。

木弓　図40—3は、残存長五六・八センチで径二・九センチほどとし、端には弦輪をうける弭を設けている。中央で折れており、推測長は一メートルほどである。

砧状木製品　柄付きの砧（図40—7）は全体に羽子板状で、楕円形断面の本体長

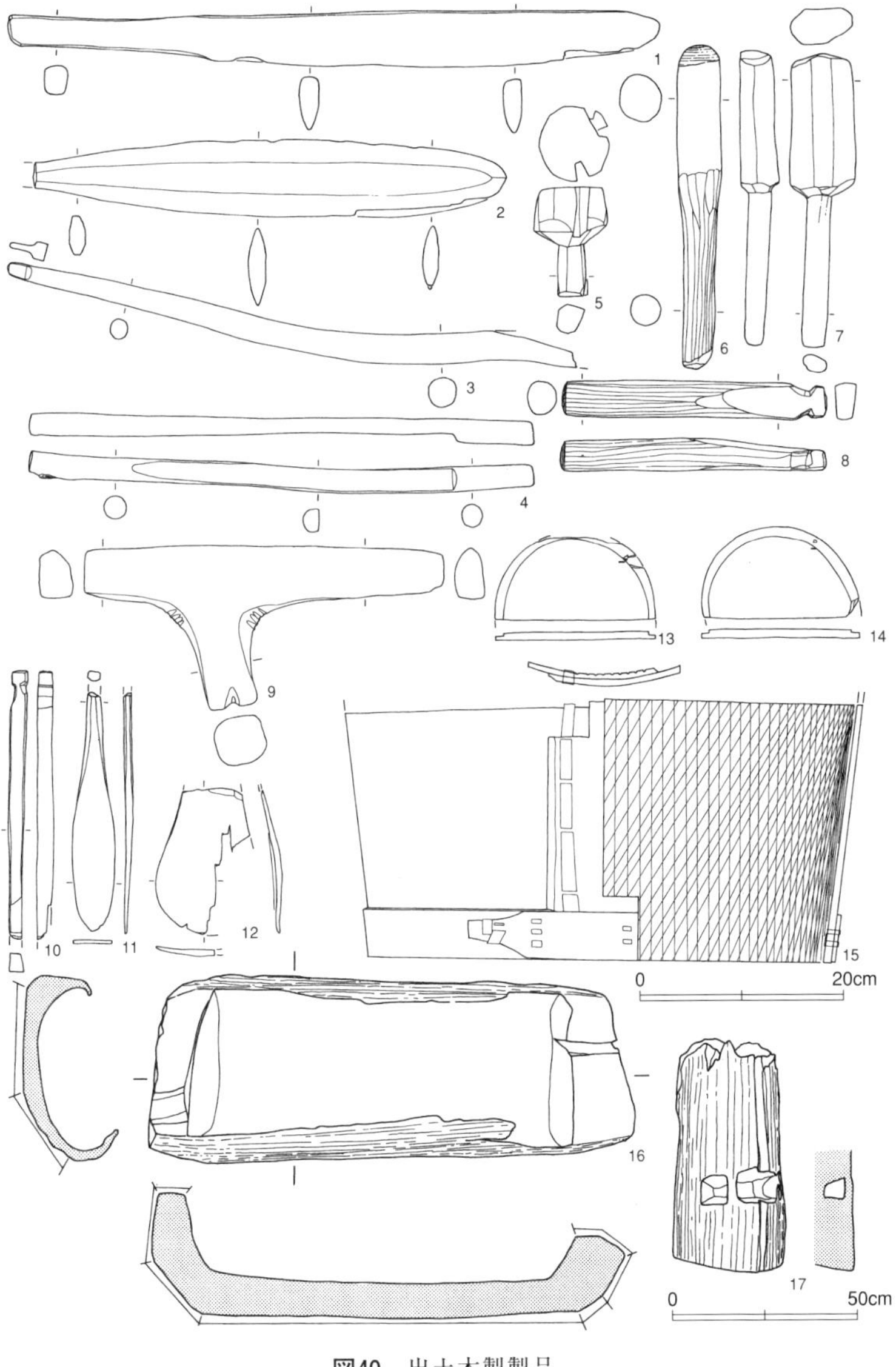

図40　出土木製製品

一三・三センチ、幅六・五センチ、厚さ三・三センチ、丸い柄は径二・二センチ、長さ一四・五センチを測る。こん棒状の図40―6は、径四・三センチの木の両端を三〇・七センチほどに切り落とし、握り部位を細かく削って柄としている。両端に炭化した焦げ痕がある。本体部には使用跡もなく片端を半球形としているので、擦りこぎなどの調理用具なのかもしれない。長さ一〇・四センチで柄付きの図40―5は、径六・九センチの本体を多角形に面取りし獣脚状となるように三方に溝を施している。柄部位も面取りを行い多角形の二・九センチ径とする。

棒状木製品

長さ五〇センチ、径二・一センチの図40―4は、片面をL形に削り片端に炭化した焦げ痕がある。おそらく把手のあるものを引っかけて火に近づけたのであろう。長さ二五・九センチ、径三・三センチの図40―8は、裏表の二面を面取りし柄とし、柄端を両方からさらに切れ込みを入れている。片端を切り落とされた図40―10は残存長二五・五センチ、一・七センチの方形断面であり、柄端の両方に切れ込みを入れている。

ヘラ状木製品

図38―11は、残存長二二・六センチで最大幅四・一センチ、厚さ三ミリを測る。柄は方形とし端を切り落とされている。スプーン状の図40―12も柄を切り落とされ、残存長一三・八センチ、幅約五センチを測る。

柄

T字形の図40―9は長さ三五・三センチ、幅四・九センチ、厚さ三・二センチを測り、断面を蒲鉾状とする。柄部位は四・九センチの方形とする。根元部位には縛り付けた痕が残っており、工具用の木製品なのであろう。

曲物

曲物の底板には、底板の縁まわりを一段低くかきとって側板をはめ込み桜の皮でかがりとめる図40―13・14がある。図40―15は、上段池跡に据え置かれた閼伽井の枠として、底板を外して使用された円形曲物側板である。上端径五八㌢、下端径四五㌢、高さ二四・九㌢、厚さ〇・七㌢を測り、二枚の檜を桜の皮で綴じて円筒としている。桜の皮の綴じ方は、内側に出る山を極端に縮めたカクシ縫いとし、下端には幅四・七㌢のタガを桜の皮で側板にかがりとめている。側板内面の全体に丸くたわめやすくするため縦方向と斜め方向に切れ目を入れ、さらに、側板の合わせ部位には、縦方向に何本かの切れ込みを入れている。

据置水槽

据置水槽は上段池跡から二基が出土している。湧水石組遺構下方の出土水槽は、半分に折れ腐蝕がいちじるしいが、池の北側から出土した水槽は保存状態が良好であった。図40—16は、長さ一三二㌢、幅四九㌢、高さ三二～二〇㌢、内法は長さ一〇四㌢、深さ一八㌢を測る。楠木の大木を半裁して刳り抜き、据置面と両端の底面角を平らに加工し、側面は原木のままで木皮が付いている。

幡竿支柱

幡竿支柱は五本検出しているが、三本は腐蝕がいちじるしく原型を留めていない。対となる二本の柱根が良好な状態にあったもののひとつの図40—17は、筏穴を明瞭に残す。径三〇㌢、残存高六二㌢の栗の木である。

7　その他の出土遺物

須恵器

須恵器は、住坊Eの整地土から坏蓋（図41—1～3）と鉄鉢形鉢（図41—4）が出土している。窯焼成の焼締め陶で、胎土から地元の湖西窯産と判断される。坏蓋の端部にいたる形状や受部の状況から、八世紀中頃から後半の時期に生産された坏蓋である。同時期の遺物として、三河国で主体となる三河型の土師器甕

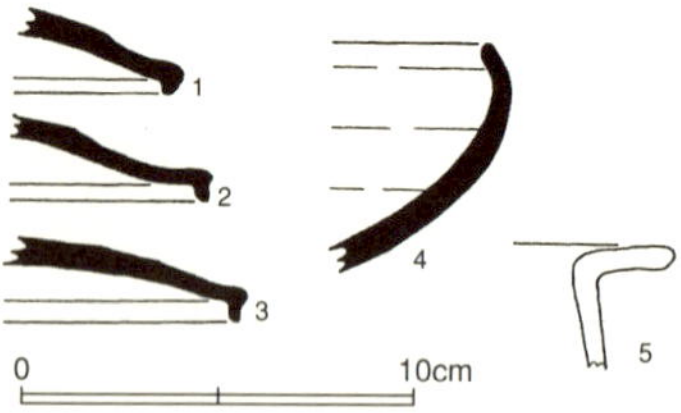

図41　出土した須恵器と土師器

（図41—5）がE隣接遺構で出土している。

磁　器　中国製陶磁器は、仏堂Aの覆土から出土した青磁碗小破片と厨F覆土からの白磁碗小破片（図39—9）の2点にすぎない。前者は、仏堂Aの跡地を行場として使用した際に他の山茶碗などとともに遺された。後者は、厨Fにともなう使用と理解される。

中世陶器　出土した中世陶器は、大知波峠廃寺廃絶後の十二世紀後半以後の所産であるが、出土箇所は跡地を行場として利用した場所に限定されており、境内のいずれからも出土しているわけではない。出土箇所としては、仏堂BⅠ跡地に建てた方三間堂、埋納遺構のある仏堂BⅡ、柴燈護摩を行った仏堂Aや仏堂DⅡの仏堂跡地が主であり、その他に池跡からの出土がある。中世陶器は、渥美半島から浜名湖西岸域に分布する渥美・湖西中世陶器窯の碗製品が多い。その他の在地窯として、灰釉陶器生産から中世陶器生産までを行っている宮口窯がある。宮口窯は渥美・湖西窯の系譜に属するが、渥美・湖西産にくらべて器面が粗い。遠隔地窯では、瀬戸窯・常滑窯が出土している（図42参照）。

仏堂BⅠからは、十二世紀後半の湖西産碗（図42—1）が出土している。碗形状であるものの器厚を厚くし高台も脚状に貼り付けており、特殊な碗形態を呈している。十三世紀前半の湖西産碗（図42—2）や十三世紀中頃の湖西産碗破片（図42—3）も出土している。仏堂BⅡの北西部覆土からは、十二世紀後半の湖西産長頸壺（図42—4）が出土している。埋納遺構Aから出土した十

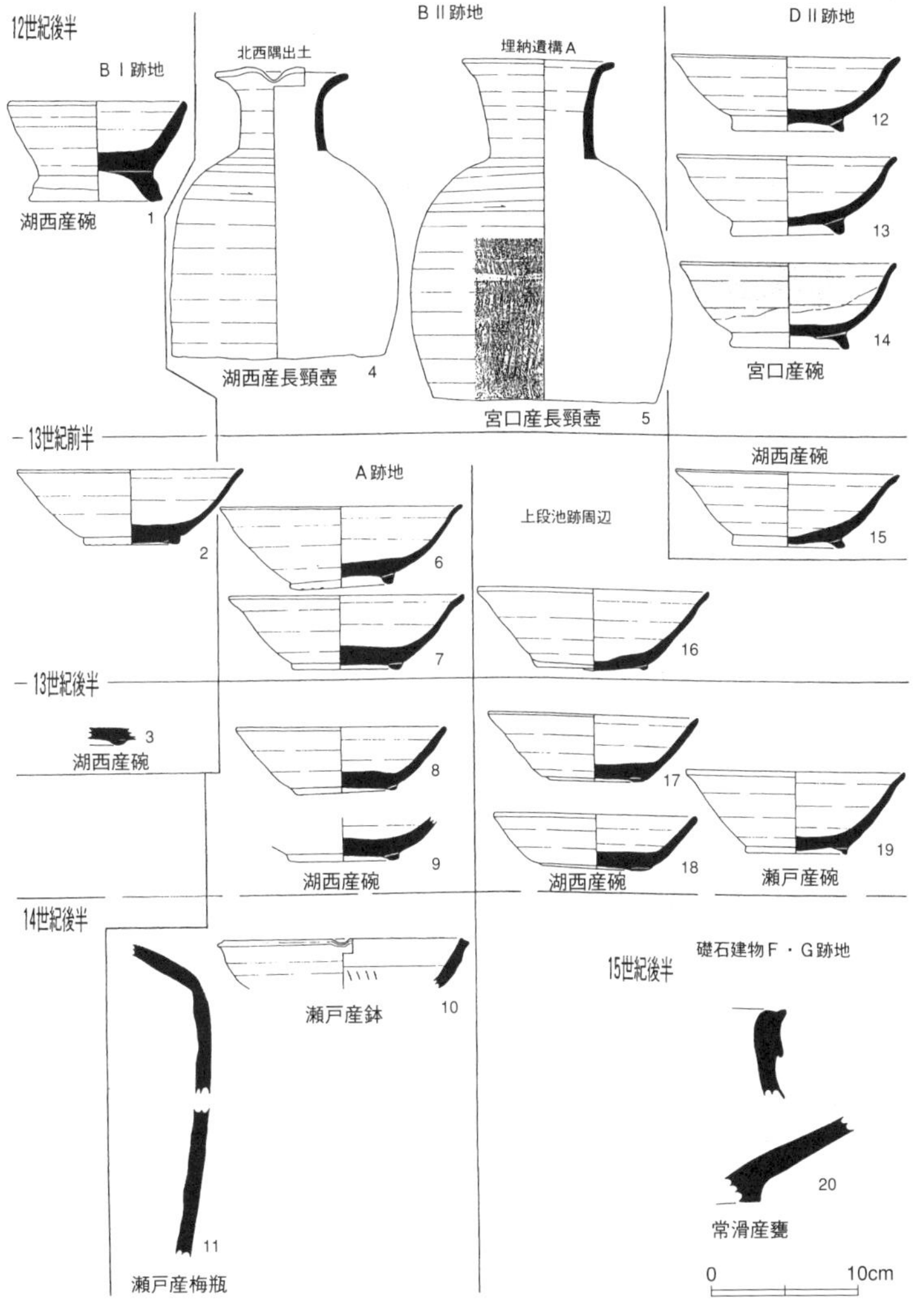
12世紀後半
B I 跡地
湖西産碗
1
B II 跡地
北西隅出土
埋納遺構A
湖西産長頸壺
4
宮口産長頸壺
5
D II 跡地
12
13
14
宮口産碗
13世紀前半
2
A跡地
6
7
上段池跡周辺
16
湖西産碗
15
13世紀後半
3
湖西産碗
8
9
湖西産碗
17
18
湖西産碗
19
瀬戸産碗
14世紀後半
11
瀬戸産梅瓶
10
瀬戸産鉢
15世紀後半
礎石建物F・G跡地
20
常滑産甕
0
10cm

図42　出土中世陶器

二世紀後半の長頸壺（図42―5）は宮口産である。仏堂A覆土からは、十三世紀前半の湖西産碗（図42―6・7）と十三世紀中頃の碗（図42―8・9）が出土している。十四世紀後半の瀬戸産施釉陶器の梅瓶破片（図42―11）や鉢破片（図42―10）も出土している。上段池跡覆土からは、十三世紀前半の湖西産碗底部破片（図42―16）、十三世紀後半の湖西産碗（図42―17・18）と瀬戸産碗（図42―19）が出土している。仏堂DⅡからは、十二世紀後半の宮口産碗（図42―12～14）と十三世紀前半の湖西産碗（図42―15）が出土している。厨Fと門Gからは、十五世紀後半の常滑産甕破片（図42―20）が出土している。これらは同一個体で、周辺からは甕破片が出土している。

廃絶後の跡地使用は、出土量からおおむね十二世紀後半から十三世紀後半が主体をなし、その後十五世紀後半まで使われている。

Ⅵ　山林寺院の清浄性

1　山林修行の場

大知波峠廃寺は、八世紀後半の奈良時代の開始期、十世紀前半から十一世紀後半の平安時代の伽藍形成期、十二世紀後半から十五世紀後半までの鎌倉・室町時代の跡地利用期の三つの時期に分けることができる。

開始期の八世紀後半の遺物は、大知波峠廃寺の住房E整地土から、地元湖西窯産須恵器坏蓋と鉄鉢形の須恵器鉢が出土し、隣接する段状遺構からは同時期の三河地域に分布する三河型土師器甕が出土した。保存目的の調査のため、遺構の検出まで及んではいない。煮炊具の土師器甕から定住の可能性が考えられ、供養具の鉄鉢形須恵器は僧の所持品であることにより、平安時代に先行する奈良時代中頃には、すでに僧尼の山林修行の拠点となる施設を構えていたことがうかがえる。おそらくは、小規模な堂宇に仏像を安置し供養していたのであろう。しかしながら、大知波峠廃寺の地がなぜ仏像を祀る場所となったのであろうか。この素朴な疑問からまずは考えておきたいと思う。

図43　石巻山

僧尼が山中に入林する際には、『僧尼令』禅行条の規定にもとづいて官の許可を得、その監視下のもとに山林修行が行われた。僧尼が山居する山は、どこの山でもよかった訳ではない。禅行条の「意楽㆓寂静㆒。不㆑交㆓於俗㆒。」を保証する山でなくてはならなかったのである。

大知波峠廃寺から西側の愛知側へ二キロほど派生する支尾根端に、標高三五六メートルの石巻山がそびえる（図43）。石巻山山頂は、幅九〇メートル高さ四〇メートルほどの一枚岩の石灰岩からなり、御神体とされる。巨岩の南側中央には自然の岩窟二カ所が確認された。やや下方には石灰岩が大きく露頭し、水の湧いている奥之院がある。現在山の中腹と山裾に社殿を配する。社伝によれば創立は孝安天皇の頃とも推古天皇の頃ともいわれる。文献初出の『三代実録』仁寿元（八五一）年十月七日に神階従五位下を授かり、『延喜式』神名帳（延長五

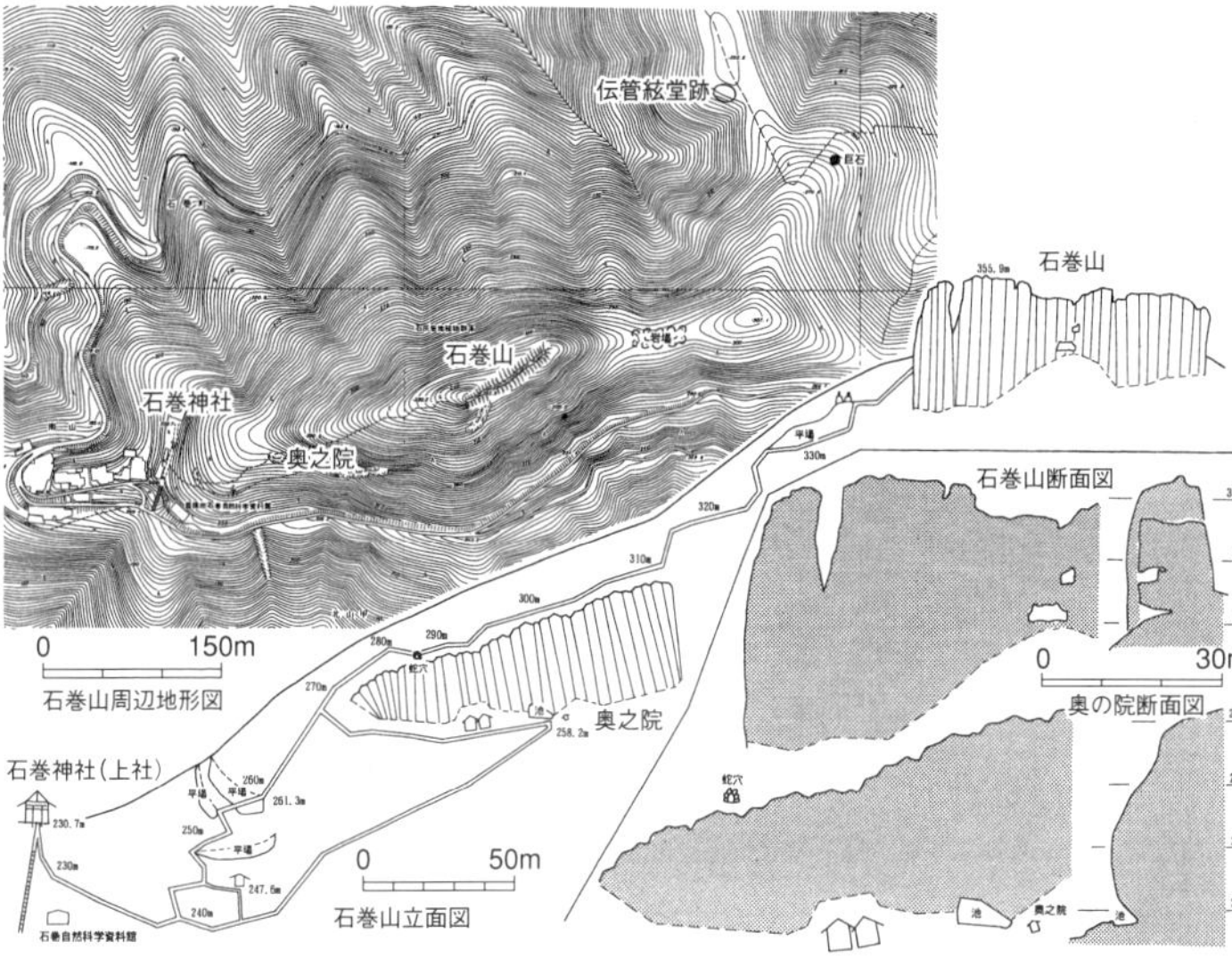

図44　石巻山の平面図・立面図・断面図

〈九二七〉年）に正一位石巻大明神と記された三河国八名郡唯一の式内社である。主祭神は大己貴《おおなむちの》命《みこと》で、三河一宮の砥鹿神社や遠江一宮の小国神社とも共通する。一方、大知波峠廃寺の地から南へ一キロの主尾根にある標高四〇〇メートルの霊屋峰山頂に巨岩の露頭があり、これを「大神岩」と崇拝し、峰の中段には御殿とよぶ遥拝所があったという。静岡県側を下った大知波に鎮座する大神山八幡宮の境内社、熱田社に並祀された大己貴命がもともと鎮座していた場所という。

　このように大知波峠廃寺の地は、それぞれの頂に大己貴命が鎮座する西と南の尾根の結節箇所に位置しているので、大己貴命の清浄な神域に囲まれていると考えてよい。なおかつ神の領域にあって、大知波峠廃寺の地そのものも一〇メートル余の巨岩群に囲まれ、湧き水を擁し「意楽㆓寂静㆒。不㆑交㆓於俗㆒」を保証する環境にあったのである。

神の鎮座する領域は地域の人びとが崇拝する周知の山であったから、不用意に入林することはなかったし、つねに地域の監視の目にさらされていたので、『僧尼令』で規定された国郡による把握は容易であったろう。さらに、『僧尼令』禅行条で「毎知二在山一」とし山居の拠点となる寺を求めていないのは、僧尼の禅行修道が寺だけではなく山中の行場を不可欠としているので、寺を含め行場を常備した山それ自体を掌握の対象としていたためであろう。事実、湖西連峰では大知波峠廃寺以外に、霊山の石巻山奥之院や嵩山蛇穴の鍾乳洞、旧普門寺境内元々堂周辺からも八世紀中頃から後半の須恵器破片が採取されているので、これらの箇所が禅行修道に供されたであろうことは容易に想像できる。そして、時期の特定は困難だが、湖西連峰の山中には巨岩や滝など行場に供されたであろう箇所が随所に点在しているのである。八世紀中頃から確認される山林修行の範囲は、大知波峠廃寺に留まることなく湖西連峰全域に及んでいるのである。

2　山林寺院の在り方

大知波峠廃寺は清浄な神域の地に建立されていたが、具体的にどのような在り方をしているのであろう。それを推測する手がかりとして、大知波峠廃寺と同じ湖西連峰にある山林寺院、浜名湖北部の宇志瓦塔遺跡がある（図1参照）。奈良国立博物館が所蔵している宇志瓦塔の出土地で、この地の現地踏査や伝承および遺された仏像から、具体的な山林寺院の様子を推測してみよう。

浜名湖の一つ北部の猪鼻湖に注ぐ宇志川の谷奥は、手の平を広げた指のように細かく開析した深い谷となっていて、南へ舌状に延びた尾根の先端

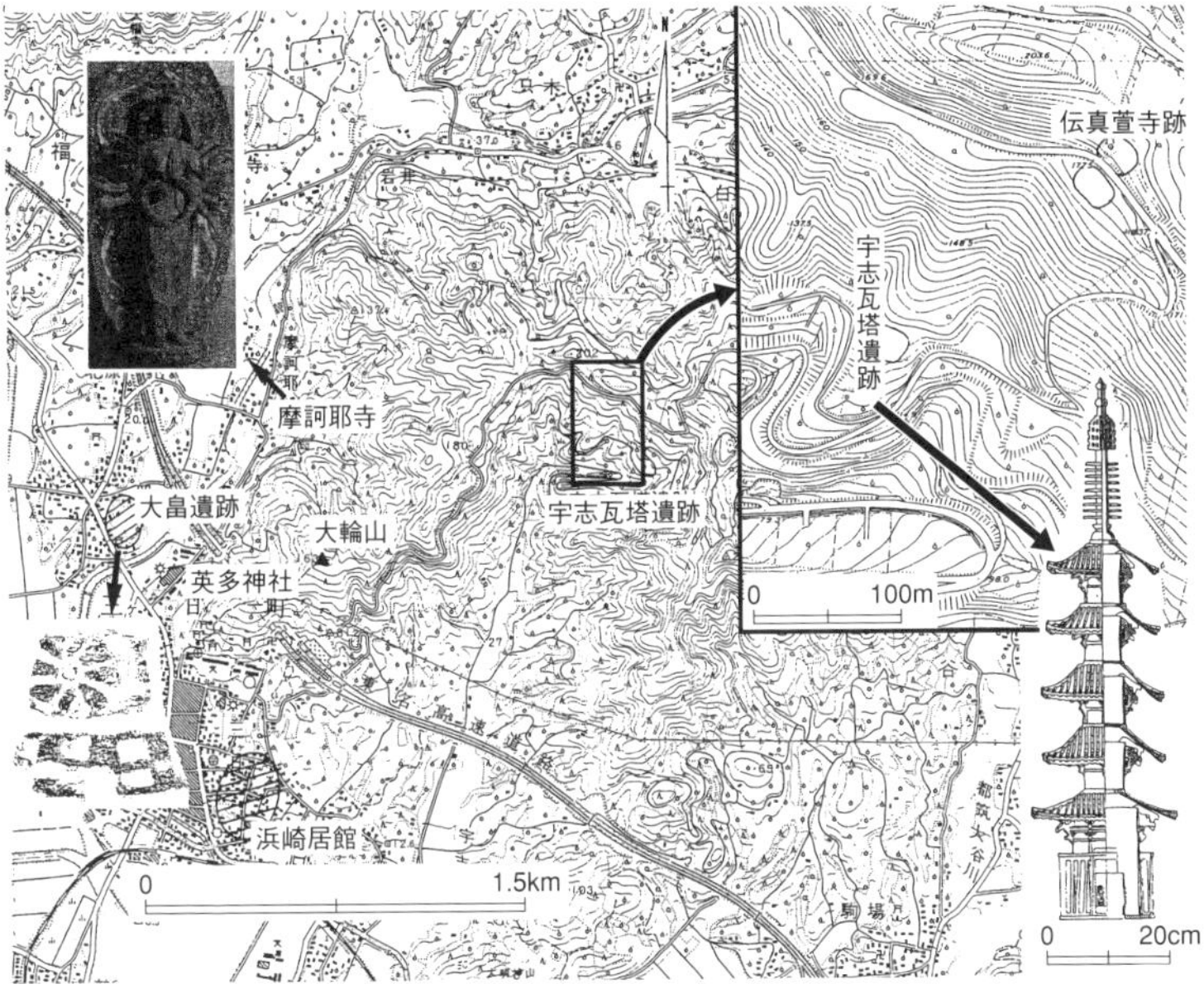

図45　宇志瓦塔遺跡周辺

に宇志瓦塔遺跡が所在する。瓦塔出土地から二三〇《メートル》ほどの尾根付根には小さな祠が祭られ、地元では真萱寺跡と伝える。延宝九（一六八一）年二月摩訶耶寺縁起覚書によれば、摩訶耶寺は富幕山にあって新達寺と号し、兵火を逃れて中千頭に移り真萱寺と改称、さらに平安末に現在の千燈ヶ峯の摩訶耶寺に移転したという。摩訶耶寺は伝真萱寺跡と瓦塔出土地から尾根で隔てられた至近の位置にある。

　宇志瓦塔遺跡周辺の踏査を行ったところ、瓦塔出土地から三〇《メートル》ほどの箇所に一五《メートル》から二〇《メートル》四方の削平段が確認された。近年の崖面の切り崩しもうかがえるものの、もともと平場が存在していたと判断される。さらに、真萱寺と伝えられる祠周辺にも、二〇《メートル》四方の平場がつくられていて礎石の石材が散乱し、林道に分断された南側にも同様規模の平場が確認できる。これら瓦塔出土地と伝真萱寺跡の尾根沿いの平場は一体の遺跡、すなわち山林寺院と判断できるのである（図45）。平場の占拠具合から堂宇が林立する状況になく、最上部に一棟の仏舎を配し下方に一、二棟の建物が付帯する程度の規模と構成を想像する。踏査では、時期を知る遺物採集は皆無であったが、瓦塔の年代が奈良時代末から平安時代前期頃と推定されているので、山林寺院の年代もおおむねその頃に求められよう。

真萱寺の後身と伝える摩訶耶寺には、平安時代初期の国指定千手観音立像と、平安時代末の国指定不動明王像と県指定阿弥陀如来坐像が伝えられている。瓦塔と千手観音立像がほぼ同時代なので、縁起をなぞれば千手観音立像が真萱寺から伝来された蓋然性が高まる。

摩訶耶寺がもともとあったという湖北の標高五六三メートルの富幕山は、霊山として崇拝されていたようで、中腹には大福寺の前身と伝える幡教寺跡や新羅堂跡の山林寺院の他に、山麓には式内社の弥和山神社に比定される只木神社が所在している。おそらく、富幕山を核として周囲に複数の寺院や神社が点在する一個の信仰領域を形成しているのであろう。そして、富幕山から南に派生する山塊南部には、瓦塔出土地と真萱寺跡や摩訶耶寺が位置し、その南端から湖を眺望する標高一六三メートルの大輪山《おおみわやま》には、式内社の英多神社に比定される惣社神明社が鎮座している。摩訶耶寺縁起は惣社神明社を鎮守とする霊験譚を伝えており、大輪山と千燈ヶ峯の山塊も富幕山とは別に神の領域を形成していたと考えられるのである。その領域に位置している宇志瓦塔遺跡には、瓦塔とともに千手観音立像を安置していたと推測される。

大輪山に鎮座する英多神社と釣橋川を挟んだ西岸には、七世紀末から八世紀初頭の瓦が採取され古代寺院と推測される大畠遺跡がある。現状は蜜柑畑と初衣神社が鎮座し詳細を不明とする。英多神社の神主を有力な在地首長の県氏が代々務めていたので、大畠遺跡は県氏の氏寺と考えられる。後の県氏の居館と伝える浜崎居館が大輪山の麓に所在している。大畠遺跡の下限は不明であるが、他の古代寺院の事例を考慮するなら少なくも八世紀代は存続していたとみてよかろうから、宇志瓦塔遺跡と同時代となる可能性が高い。つまり、宇志瓦塔遺跡は大畠遺跡の山林寺院と考えてよい。

このように宇志瓦塔遺跡を例とすれば、司祭者で檀越の在地首長である県氏が、氏寺の山林修行の拠点として国神の鎮座する清浄な領域に山林寺院を建立した。その規模は、仏像を安置する一棟の仏舎と一、二棟の建物を付帯する程度であった。注意すべきは、奈良時代の山林寺院は中核寺院の禅行修道の拠点であって、後述する平安時代のようにそれ自身で中核寺院を形成せず、つねに平地の寺院と我彼の強い紐帯で結ばれているのである。それは、薗田香融が「求聞持法」などの如法修行により「白月は山に入り、黒月は寺に帰る」という山林修行が古代仏教の重要な部分を形成し、末寺に属しながら山房をもつ修行の形態をかつて見出していたように、そのことを実感させる考古学のささやかな具体の事例でもある。

そして、八世紀の多くの山林寺院は山林修行の拠点だけでなく、悔過所としての役割も大きかった。『続日本紀』天平十七（七四五）年九月十九日条で、天皇の不予のため薬師悔過が行われたが、その際に悔過の場所を「京師畿内諸寺及諸名山浄処」と指定している。「諸名山浄処」とは、山に鎮座する神の領域に所在する山林寺院を示すのであろう。『続日本紀』宝亀元（七七〇）年十月二十八日条に、七六四（天平宝子八）年で禁止した山林寺院での読経・悔過や山林修行を許していることからもそのことがうかがえる。

3 清浄性の根源

大知波峠廃寺や宇志瓦塔遺跡の山林寺院は、国神の鎮座する領域に所在するが、なぜそれが可能となったのであろうか。我国に仏教が伝来した頃の蘇我氏と物部氏による崇仏排仏の対立を思い起こしていただきたい。不用意に仏を招けば国神の祟りを受けることは、どの地域においても同様だからである。

『日本書紀』欽明十三(五五二)年十月条と敏達十四(五八五)年二月・三月条に、仏教伝来にみる崇仏と排仏の対立が描かれている。天皇が百済より献上された仏像仏具経論の礼拝の可否を問い、物部尾輿と中臣鎌子が排仏を主張した。蘇我稲目が仏像を祀ると疫病が流行したので、国神の怒りを鎮めるべく物部氏が寺を焼き仏像を難波の堀江に棄てた。すると今度は大殿から出火、瘡が流行した。仏の祟りを恐れ、蘇我氏に新しく寺を造営することを許したという内容である。荒ぶる姿において国神となんら相違のない仏の扱いは、何も我国の中枢部の問題だけではなく、むしろ地域においてこそ大きな問題であった。しかし、地域の対立は伝えられていない。

仏像は、『日本書紀』欽明十三年十月条で「蕃神」、あるいは敏達天皇十四年二月条で「仏神」と記され、奈良末から平安初頭の『霊異記』上巻五話においても、「隣国の客神」とし「客神は仏の神像なり」と注記する存在にある。すなわち伝来当初の仏教は、日本的カミ信仰の次元で受けとめられていたことがわかる。つまり、崇仏排仏の対立は宗教上の対立ではなかった。崇仏とは外国の高い文物を背景とした新来の客神への畏敬の念に発し、排仏とは外神を受け入れた場合の国神の祟りへの恐れに尽きる。そして、「国神」とは日本全域に威光を輝かす天照大神の唯一神を指すのではなく、地域の神々を示しているので、崇仏派も排仏派も国神と同じ次元に立つ仏との対立と理解されるのである。

『霊異記』上巻五話に載せる崇仏と排仏の対立では、昼は鳴り夜は輝く雷に当たった楠が浜に流れ着き、この楠で仏像をつくった大部屋栖野古が、物部守屋からの迫害にあいながらも固辞して出さず、後の世に伝えられたのが吉野比蘇寺の放光仏との説話を載せる。漂着の楠は神木であり、この神霊が宿る霊木から仏像をつくったのである。仏もまた神という観念で受けとめていたので、山林修行の拠点である比蘇寺に霊木を刻んだ放光仏を安置することに何の違和感もなかったのである。そして、いわゆる霊木から仏像を刻んだ立木仏のように、樹木そのものに対する信仰をうかがい知ることができる。

霊験譚こそ伝えられていないが、先の一木から丸彫りされた摩訶耶寺の千手観音立像に、神霊が宿る樹木への信仰が顕れていると考えられないであろうか。つまり、神霊が宿る霊木からつくった仏像とみなされるからこそ、清浄な神の領域への安置が可能となったのである。

仏もまた神という観念は、律令国家の確立した『続日本紀』神亀二（七二五）年七月十七日条の詔で「敬レ神尊レ仏。清浄為レ先」と記されることになる。仏教の「清浄性」もまた伝統的在来信仰の「清浄性」と分かち難い関係にあり、それらの「清浄性」は古代国家の宗教観の基盤を形成したのである。

4　巫覡《ふげき》と僧尼

仏を神として在来のカミ信仰の次元でとらえる観念のもと、山林寺院は国神の鎮座する領域に「仏神」を安置することができた。しかしながら、仏もまた神ではあったが、両者には大きな相違があった。祭りのたびごとに巫覡を充てる国神に対し、仏神を祀るには恒常的に専従の聖職者である僧尼を必要としたのである。

『隋書』東夷伝の倭国条に「卜筮を知り、尤も巫覡を信ず」と記されたように、国神の祭祀は巫覡が執り行っていた。巫覡は、国神と在地首長ないしは地域の人びととの間に介在し、人間の願望を国神に伝えるとともに、国神の意志を人間側に伝えたのである。巫覡の位置は、国神―巫覡―人(在地首長)となる。そして、首長の支配領域と国神の威光の及ぶ範囲とが重なるので、国神の祭祀権を掌握している首長は、国神の怒りを鎮めることについて、地域に対し責任を負わねばならなかった。

律令期においてもこの関係は変ることはなく、氏上は氏族共同体で行われる祭りに参加することを旨としていたようで、春秋には氏神祭りへ参加するための請暇の解文が多く出され、また社会通念として認められていた。氏族が結集して祭りを行う場がしだいに一定化し社殿の成立をみるようになっても、神は祭りごとに降臨を仰ぐという観念が一般的で、祭りを離れて神社へ祈願することは稀であった。今日でも平素の神社は閑散としていることを思い浮かべていただきたい。神職が常駐するのは平安中頃以降で、それまでは神主であっても祭りごとに氏人から決められていたのである。

祭りのたびごとに神の降臨を仰ぎ、祈願後には神送りをすることを一般としていたので、神は常在することはなかった。神迎えと神送りは短期間に執り行われるが、その理由は幸せをもたらす神がたちまち祟神へ変化することを恐れたためである。もし長期にわたって一カ所に留まるとき、その期間は客人神としてできるだけの接待をしているように、常在する神はつねに祭祀を要求し、その祭祀を怠ると祟神となるのである。

このことから仏教公伝の当時、一カ年の長きにわたって常在する神は蘇我稲目が祀る仏神の他になかったから、物部尾輿・中臣鎌子らは、仏神という他国神を早くに流棄すべきであるのに、いつまでも礼拝しているから祟神になったとする一方で、稲目は他国神を尾輿らが礼拝しないために祟神となったとしたのである。排仏としての仏神の流棄という行為も、祟神を送る神送りの祭祀の一つであった。

仏教伝来時において、百済の聖明王は仏像と経典を送るものの、仏神を常在させるためつねに祀りを執り行う専従の礼拝者、つまり聖職者の僧尼を送ることはなかった。日本最初の出家者は、五八三（敏達十二）年に疫病の流行で馬子が病気となり、筮によって占ったところ、父の稲目のときに祀った仏神の心が発ったからと聞かされ、司馬達等の女の嶋（善信）ら三人の少女を尼とし、供養礼拝せしめたことに始まる。三人の尼は、馬子の病気の根源と考えられる仏を祀るシャーマンであり、仏教伝来以前から存在している巫覡の系譜を引くものであった。

仏もまた神としてとらえられる社会においては、国神に仕えてきた巫覡が仏神に仕える僧尼に転換することに、大きな抵抗はなかったのである。仏神は国神と同様に祟りの根源と考えられており、巫覡が神と人との仲介の役をはたしてきたように、異国の巫覡の装いをし、剃髪という異形の僧尼に異国の神との仲介を期待したからである。そして、神意を伝える巫覡と同一の資質を仏に仕える僧尼に求めたのは当然であったから、巫覡が心身の穢れを清め清浄となり神に仕えたように、僧尼もまた穢れを忌み避け清浄にして仏に仕えたのである。

このように、地域への仏教導入は、「国神―巫覡―人（在地首長）」の関係を「仏神―僧尼―人（在地首長）」の関係に置き換えることにより可能となったのであるが、その場合、言うまでもなく司祭者であり氏寺の檀越でもある在地首長の主導が大きかった。山林寺院が神の領域で建立可能となったのも、僧尼をして仏神の供養に充てたからである。その際に、巫覡を氏族共同体から輩出しているように、僧尼もまた地域と無縁の者ではなく氏族共同体を出自としていた。

しかしながら、巫覡と僧尼は同じ位置づけにあるものの、巫覡＝僧尼ではないことに注意を払っておく必要がある。共同体に内在し祭りごとにその役割を担う巫覡とは異なり、僧尼は仏堂に常在する仏神を供養する専従の聖職者であった。一見、形態は似通っていてもその構造は異なっているのである。そして、仏教の波及や定着には檀越である在地首長層の役割も大きかったが、一方の仏教の核となる僧尼は在地首長が代表する共同体に埋もれがちで自らが存立できる社会状況にはなかったのである。鎮護国家仏教の実現を目指す古代国家が、食封を与え寺院の清浄を保つとともに、僧尼の清浄性の保持や身分の確保に腐心したのはこのためである。専従聖職者の存立には、庇護を必要としたのである。

Ⅶ　大知波峠廃寺の伽藍形成

大知波峠廃寺は、八世紀後半の開始期から九世紀代の空白期間を置いて、十世紀第2四半世紀に一棟の仏堂BⅠから新たな堂宇の建立が始まる。瓦も葺かず塔も建立していない大知波峠廃寺の一棟の仏堂で始まる姿はきわめて質素である。しかし、後述する仏堂構造や石垣基壇の荘厳さ、池・巨石からなる伽藍環境は、奈良時代の山林寺院の在り方と明らかな相違がある。そして、十世紀のこの時期は大きく時代が転換する時期なので、当該期に伽藍形成する大知波峠廃寺も新たな信仰形成に大きな役割を担って開始された。伽藍形成過程を探るその前に、大知波峠廃寺の位置する時代を素描しておきたい。

1　十世紀の地域社会

十世紀は、官衙関係遺跡の廃絶や移転が各地で確認される。大知波峠廃寺周辺でも、隣接する豊橋市の市道遺跡で郡衙関連施設が十世紀後半に廃絶している。そして、遠江国府が二之宮遺跡から見付端城遺跡へ、三河国府では十世紀中頃に国府の移転が指摘されるように、国庁が他所へ移転する例も多い。このような国衙・郡衙遺跡の消長は、九〇二(延喜二)年の国政改革が大きく反映している。一連の太政官符が発せられ、王権認可のもとに、富豪の宅・私財や私営田の上級貴族・大社寺への寄進の認否を国司の裁量に委ねた。国司は、伝統的郡司の行政と権威を奪いつつ、私営田領主の貴族・社寺への寄進を最小限にとどめ、私営田化しつつあった諸国の田畠全般を、順次公領田畠として再編し国衙に集中していったのである。この変化は、儀式や饗宴の場としての機能の低下や政務型式の変質を意味し、国衙自体が国家権力を誇る象徴的画一的な行政機関から、衰退した郡衙機能をも吸収して土着化した地方支配の実務機関へと再編されたのである。

地方行政の国衙への強化集中によって生じた郡衙の衰退は、同時にそれまで彼らの担ってきた氏寺などの地域信仰施設の一角をも衰退させることになった。たとえば、官衙関連遺構とともに市道遺跡において検出された市道廃寺は、八世紀前半に寺院が建立され十世紀前半に縮小し、その後廃絶してしまうのである。関東東部域には、房総を中心にいわゆる「村落内寺院」が八世紀後半以降確認されるが、これらの寺院遺跡も九世紀後半を境として消滅に向かい十世紀初頭までわずかに残るにすぎない。

十世紀後半には条里地割内部の開発と荒廃田など既存の耕地の再生が行われるが、遠江国司の源為憲が在任わずか四年(九九一〜九九五)にして作田千二百町から三千五百町としたのも、おそらくは荒廃田の再開発によるところが大きかった。その担い手は、成長いちじるしい私営田領主や一般農民であった。彼らにとって地域信仰施設の衰退は、深刻に受け止められていたのであろう。国司は郡司らの没落にともなう地域信仰秩序の再生を行わずして、彼らの動員はできなかった。任国に下った国司が国内諸郡の神社を巡拝する国司神拝の儀式が、駿河国において十世紀後半までさかのぼって確認することができるが、これは郡司の没落にともなう在地の神祇の秩序の変動を、国司が直接把握し直そうとした現れである。

十世紀前半に三河国・遠江国・駿河国の各国分寺で行われた大規模な修復もその一環である。そして、八世紀後半に遠江国分寺補修瓦の供給を受け成立する遠江国分寺の山房の岩室廃寺では、十世紀中頃より国分寺修復瓦をふたたび受給し、三棟の塔など堂塔整備が大規模に行われ寺域の拡大が進む。しかし、一方の遠江国分寺は八一九（弘仁一〇）年八月の火災で金堂・塔の焼失以降、修復されるとはいえ講堂を中心に機能を保つ状況にあり、八三九（承和六）年以後には国分寺の中心法会である最勝会と吉祥天悔過の法会の場が国庁に移るなど、国分寺の意義が減少しつつある時期でもあった。

それでも十世紀前半は、八二八（天長五）年に始まる文殊会や請雨法など国分寺と民衆を結ぶ法会を修して、依然国分寺機能が維持されていた。十世紀後半から十一世紀には、国講読師が担っていた国内の行政的教導的機能が解体する。

はたして、十世紀以後の国分寺は、自然を生活の糧とする私営田領主や一般農民、海山で生業を営む民衆らの信仰を一手に引き受けることができたのであろうか。その時期は、くしくも大知波峠廃寺では続々と堂宇が建立され伽藍形成が行われた時期でもある。遠江国分寺修復瓦を受給し大規模に整備が行われた遠江国分寺山房の岩室廃寺の姿とは対照的に、国分寺瓦屋の供給を受けない大知波峠廃寺の建立は、既存の地方宗教組織の枠外にあるものと見なければならない。それでは、大

図46　緑釉陶器の供養具

知波峠廃寺は誰によって伽藍形成が行われたのであろう。まずは、目を引く仏堂BⅠに施入された緑釉陶器有蓋碗・香炉・花瓶・鉢の緑釉供養具一式（図46）から探ってみたい。

2　大知波峠廃寺の成立

緑釉供養具

大知波峠廃寺出土の緑釉陶器は、大知波峠廃寺の位置する湖西連峰南端域の丘陵地に展開する二川灰釉陶器窯群で焼成されている。高橋照彦によれば、我国の緑釉陶器生産は六段階に整理され三度の生産地拡散を認めるという。二川灰釉陶器窯の緑釉陶器生産は、高橋の言う第三次拡散期にあたり、猿投窯の技術移植を受けて、黒笹90号窯式の九世紀末に開始され、東山72号窯式の十世紀後半まで生産が行われている。二川窯の緑釉陶器の生産は、他と同様に在地の灰釉陶器生産に依存しつつ、国衙の直接関与のもとで正税より原材料が調達され、年料雑器として貢納が行われた。生産した緑釉陶器のすべてを国衙が収奪することはないが、一般食膳具以外の器種を比較的自由に生産していたわけではないようである。当該期の二川窯に近接し同じ渥美郡に属する市道廃寺ですら緑釉供養具一式を出土せず、わずかの碗・皿にかぎられていることからも、そのことがうかがえる。したがって、特別に誂えられた大知波峠廃寺の有蓋碗・香炉・花瓶・鉢の供養具一式は、生産から納入まで一連の過程に国衙の深い関与があったと考えられる。

九世紀前半から中頃の天長～承和年間は、各種の仏教行事が朝儀式のなかに位置づけられるとともに、寺院で行われていた数々の法会も体系化され国家の行事に整備される。緑釉陶器は、世俗的な階層性を明示する唐風文物指向の食膳具で、宮中儀式や御斎会など朝儀式のなかに位置づけられた法会に相応しい供養具として選択されたのであろう。同様に仏堂ＢⅠの緑釉供養具一式は、九世紀よりつづく世俗的な階層性を内包した供養具の在り方として理解され、それが山林寺院の大知波峠廃寺にもち込まれたことに注意を要しよう。

建築構造

大知波峠廃寺の礎石建物六棟の建築構造を検討した山岸常人は、次のようにまとめた。仏堂の構造は、須弥壇部分の土間と床張りの広庇からなり、後戸を設ける（図49）。大知波Ⅰ期（十世紀第2四半世紀～中頃）の仏堂ＢⅠと大知波Ⅱ期（十世紀中頃～後半）の仏堂Ａが孫庇で縋破風の構造、同じくⅡ期の仏堂ＣⅠが野小屋構造となる（図47、48―3・4）。大知波Ⅲ期（十世紀末～十一世紀前半）の仏堂ＢⅡ・ＤⅡ・ＤⅠは孫庇構造に属するが、三間堂であるＢⅡ・ＤⅡに身舎・庇・孫庇の構造を想定しても、

図47　大知波峠廃寺想定復元図（復元案：山岸常人／作画：須崎陽子）　11世紀前半のおおむね伽藍が整った時期である。瓦葺き堂宇や塔はないが、桧皮葺仏堂が建ち並ぶ。参道は東斜面にある。

身舎一間四方なので宝造りの可能性が高く、DⅠは簡略な切妻造りの構造となる。須弥壇基底部の石列と柱筋が一致するものとしないものがあるが、仏堂CⅠの横長の須弥壇からは立像の仏像が想定されるように、安置する尊像により大きさを合せたためと考えられる。基準尺は一尺＝三〇センチないし三一センチと推定され、中世的な平面計画である支割（垂木の配列の方法）によって柱間寸法が決定された可能性があるとした。

　正面一間分の柱間が他の柱間より広い広庇が多い点については、隅木が四五度に納まらず振れ隅となるので、四五度に納めるため庇の繋ぎ梁の上で隅木の尻を受け、母屋の正面の桁は前に迫り出して垂木を受ける（図48―1）。これにより、屋根を受ける小屋組は母屋桁と関連がもち得ないので、天井を張って堂内から見えない野小屋とする必要が生じる。野小屋構造は、化粧垂木で屋根葺

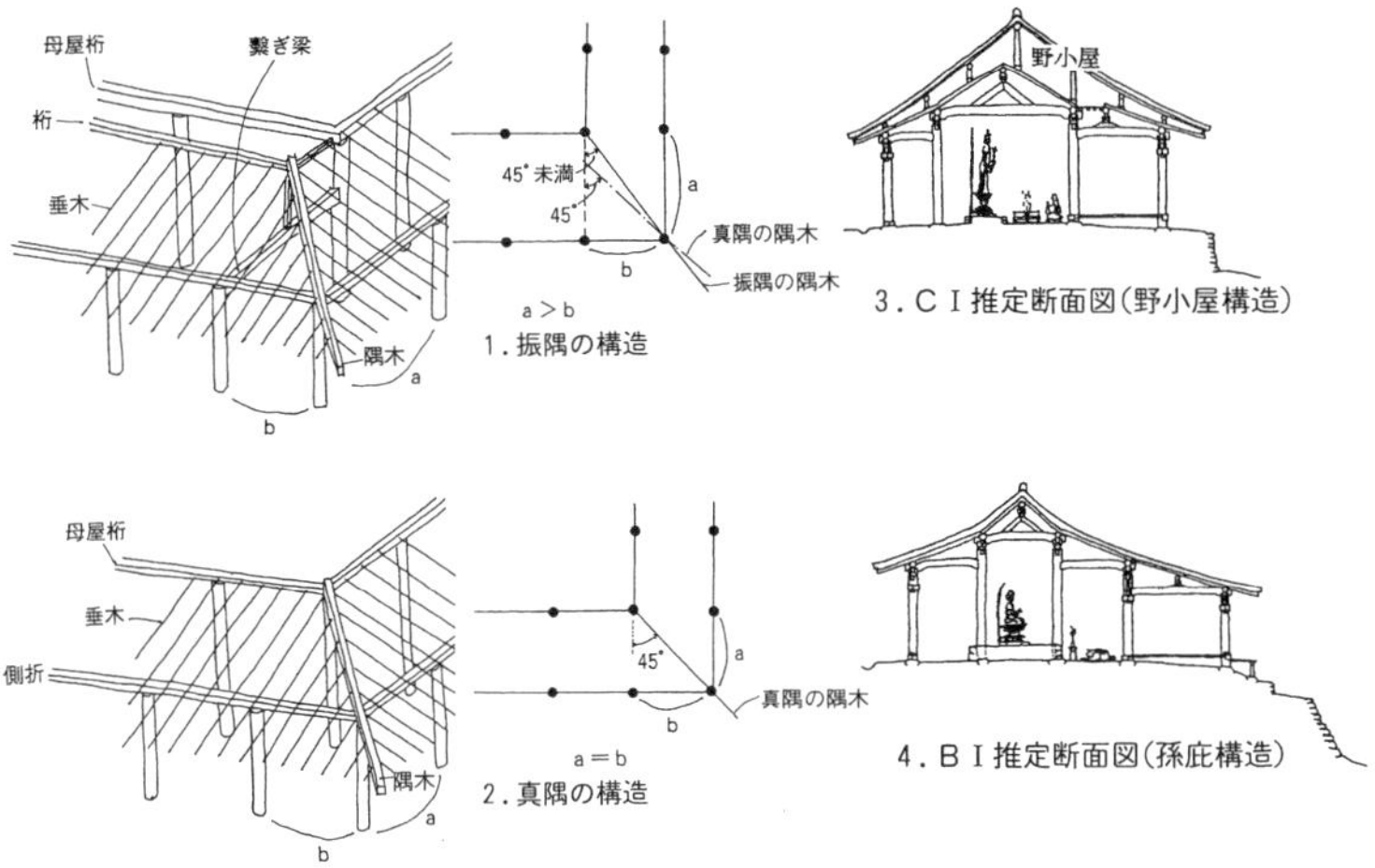

図48　大知波峠廃寺の建物構造と断面図（湖西市教育委員会1996年、山岸常人発表資料）

材を直接受けるのではなく、化粧垂木や天井の上に束踏みを置いて小屋束を立て、野垂木を受けて屋根を葺くので、孫庇付き型式とは違い奥行きの深い内陣・礼堂に一体の大屋根をかけることができるため、屋根勾配が急となり雨仕舞いがよくなり、化粧垂木の勾配が緩く優美な感じを与える（図48―3）。

野小屋構造は九九〇（正暦元）年建立の法隆寺大講堂が現存最古とされていて、九五二（天暦六）年の醍醐寺五重塔に野小屋の萌芽的構造が見られることから、山岸は野小屋の成立を十世紀中頃を大きくさかのぼるものではなかろうとした。そして、十世紀中頃から後半の仏堂ＣⅠの検出を、野小屋の確実な具体例と評価し、孫庇付きの仏堂ＢⅠ・Ａも同様に振れ隅としているので野小屋の可能性を指摘したのである。

このような、奥行きを深くする野小屋と孫庇付き仏堂のように、仏像を安置する内陣と礼堂が一体となった「祈りの空間」を山岸は「中世仏堂」と呼称している。「中世仏堂」は仏堂内で法会の全体が完結することを原則とするため、内陣や礼堂とともに法会の準備や付属部分をまかなう後戸の空間を不可欠な構成要素とした。孫庇によって内部空間を広げる初期の「中世仏堂」は、当麻寺曼荼羅前身堂より九世紀前半頃には成立するようである。そして、「中世仏堂」の成立は法会の変化に求められ、庭儀法会の金堂・廻廊中門および庭上を法会の場としていたものが、舞台を除いたすべての法会を金堂内で行うようになり、伽藍が前面を開放する型になって金堂は礼堂付きの形態に移行したのである。

「中世仏堂」堂内では、僧尼のみの列席だけで法会が勤修されていたのではない。特定の寺院・仏像・法会に帰依する俗人や寺院・法会を興し維持する檀越のかかわる法会も少なくなかったから、内陣と礼堂の空間はそれぞれに座を分かち、僧尼と俗人・檀越の世俗社会に応じた使い分けが行われた。内陣と礼堂という性格の異なった空間を一つの建物に並存させる仏堂空間形式は、顕密寺院・八宗寺院を問わず普遍的に展開し、出仕者と内陣・礼堂の対応関係は平安時代以降、中世を通じて見られるという。

大知波峠廃寺で最初に建立された仏堂ＢⅠの「中世仏堂」の在り方は、奈良時代以降の「白月は山に入り、黒月は寺に帰る」という山林修行を基底とした悔過所の側面をもちつつも、仏堂内は僧尼が仏像と向き合う程度の空間を確保する簡素な山林寺院の姿とは大きく隔たっている。そして、以降続々と、仏堂内で完結する法会を執り行い僧尼以外の出仕者にも座を分かつ「中世仏堂」の建立は、後述の新たな供養具や新たな法会の導

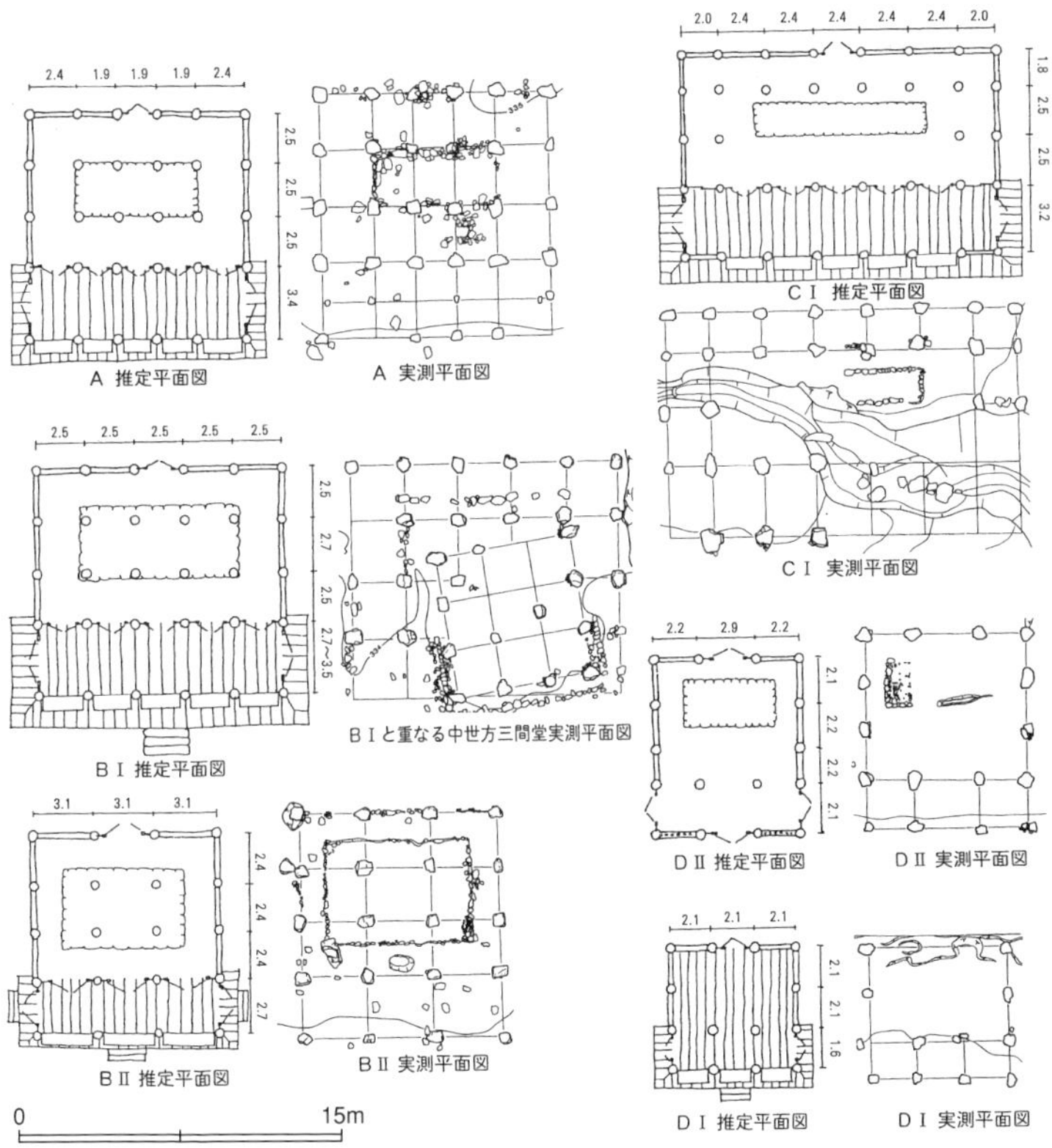

図49　大知波峠廃寺の建物平面図（湖西市教育委員会1996年、山岸常人発表資料を加筆編集）

入を受け入れる下地を形成し、またその展開を支えたのである。そして、十世紀中頃には最新の建築技術である野小屋の仏堂が建立されるなど、大知波峠廃寺の創建から一連の仏堂建立や維持にあたり、緑釉供養具と同様に国衙が大きく関与したと考えることができよう。一方で、十世紀第2四半世紀の仏堂BⅠを平地に置き換えれば、緑釉陶器と同じに九世紀にはじまる「中世仏堂」の流れのなかに位置づけられる点に留意しておきたい。

山林寺院の建立

大知波Ⅰ期やⅡ期の「中世仏堂」の建立や緑釉供養具の納入は、国衙の関与をうかがわせるに充分であり、それらの大知波峠廃寺への導入にあたっては、国司自らが主体的に行ったと考えることができる。しかしながら、国司自らが檀越となって寺院建立や法会を開催するに、既存の地方宗教組織の枠外で、それらを執り行う僧尼をいずこに求め、なぜ国司自らが行う必要があったのであろうか。

九世紀中頃の承和年間は、護国法会の整備や国分寺の再建、定額寺の管理強化など、地方仏教制度の再編が国司によって行われた時期である。国分寺の中心的法会である最勝会と吉祥悔過の法会の場が、八三九（承和六）年以降国庁に移ることに象徴されるように、国司主催の法会を行う下地を形成したと考えられる。そして、法会の内容によってはかならずしも国分寺僧・国講読師に出仕を限っていたわけではない。九世紀後半の大般若経または金剛般若経の転読が圧倒的に多い経典転読型法要では、勤修目的が自然災害を防ぎ天変地異による害の少なからんことを願うものなので、一般の僧と異なる修法能力をもつ「錬行者・錬行僧」がとくに選ばれて読誦している。

延喜・天暦時代には民間布教者の活動が飛躍をとげ以後膨張していくが、空也上人が「市聖」と称せられたように、山林修行で特殊な霊力を得た呪験者などを「浄行禅師」「菩薩」と呼称していたものを、社会通念として「聖」「上人」とよぶようになるのが十世紀前半からである。九八五（寛和元）年書写聖性空に帰依した播磨国司藤原季孝が一院を建立したように（「円教寺旧記」所収延照記）、彼らの布教の多くは国司の力に依存し、また国司は彼らをして自ら主催する寺院建立や法会を成し得たのである。大知波峠廃寺も同様に呪験者などの「聖」によって法会が執り行われていたのであろう。

『続日本紀』天平宝字七（七六三）年九月庚子朔条には、「疫死多レ数。水旱不レ時。神火屢至。徒損二官物一。此者。」の原因を「国郡司等不レ恭二於国神一之咎也。」として、国司・郡司自ら国神に祈ることこそ、災疫を取り除き豊年をもたらすとされた。九世紀に入ってからも頻発する水旱や飢餓、疫病などの災害を沈静化するため、しばしば国司らは自ら潔斎し仏・神事の執行にあたるよう命令されている。地域信仰を担った郡司ら在地首長層の没落とともに、任国の神仏を祀る義務が国司自身に及んでいったのである。そして、国司が独自に行う法会に私的な側面をもちあわせていたにせよ、特定の神仏に対し尊崇の念を示すことは、その加護が国司個人あるいはかぎられた地域に留まるものではなく、国司の任国全体に及ぶものであるとの理解が進行していった。

このような国司の姿は、国神の暴発とされた祟りを鎮める責任を負わなければならなかったかつての在地首長の姿と重なる。「神仏—僧尼・巫覡—在地首長」という関係が在地首長に代って国司に置き換わるにすぎず、基本の構造に変化はないのである。とはいえ、国司は任国のあらゆる神仏を対象としていたわけではなかった。尾張守大江匡衡が、広域の信仰圏を形成している熱田神社で大般若供養をしたように、国司が尊崇の念を示すのは広域に信仰圏を形成する神仏であることが多かったのである。

その一つが三遠境山中の大知波峠廃寺である。大知波峠廃寺は、大己貴神を祀った石巻山と霊屋峰の西東双方の分岐に位置し、大己貴命の清浄な神域に囲まれた地にある。石巻山は三河国八名郡で唯一の式内社である石巻神社の御神体であり、八名郡美和郷に鎮座している。八名郡美和郷に接する遠江国浜名郡（現在の湖西市・浜松市三ヶ日）には、大物主神・大己貴命を祭神とする式内社が多い。浜名郡の式内社五座のうち、宇智郷の弥和山神社、英多郷の英多神社、新居郷の大神神社の三社がそれである。今日、「天平十二年（七四〇）浜名郡輪租帳」が正倉院に遺されている。輪租帳記載の新居郷では神（ミワ）氏族と敢石部で郷内の六割を占めている。神氏族は国津神の祭祀を職掌とし、敢石部は海辺の漁労民集団である。浜名郡下の「大神郷」の郷名からは、神氏族の中核は大神郷にあることが推測され、同様に三河国八名郡の「美和郷」も、その郷名から神氏族の居住が推測される。古墳時代から三遠国境の山々には、大物主神・大己貴神が鎮座し、司祭者の神氏族も三遠国境にまたがって居住していたのである。

大物主神については、三輪山との関連で有名な伝承が記紀に記されている。崇神天皇の時代に疫病が蔓延していたとき、天皇の夢に大物主神が現れ、大田田根子に祭らせたら国が平安になるであろうと告げた。茅渟県の陶邑で大田田根子を見つけ祭主として、御諸山に大三輪大神を祭った、という伝承である。西宮秀紀は、大田田根子が御諸山（三輪山）に大物主神（大三輪大神）を祭ったことにより疫病が鎮静するというのが一つのモチーフであろうとし、疫神退散の鎮花祭を大神神社と狭井神社で行っているという。三遠国境各所に大物主神が鎮座しているのは、その疫神退散の神力を期待してのことではなかったか。

「明治三九年静岡県沿岸漁場図」と「同解説書」によれば、浜名湖周辺の山々と丘陵の森は、山アテの指標とされている。たとえば、遠州灘沖二〇キロの漁場「鮫堀沖」を示すのに「神座ノ嵩山ヲ汐見ノ茶屋森ニ見一方ハ田原ノ東山ヲ六連村ノ森ニ見透シ…」として、湖西連峰南端の嵩山や丘陵の森を指標として漁場の位置を記している。霊屋峰も浜名湖の漁民に山アテに用いられ、峰にかかる雲の動きで天気を予測したという。漁場の位置を求めたり、あるいは海上航行の際には、山並みと森は漁労民にとってきわめて重要な指標なのである。そして、海上航行における指標の一つ遠江国秋葉山が、火防の信仰地で常火に神秘性がつきまとうことから船乗りや漁民たちに信仰されたように、山や森が船乗りや漁民たちの信仰の対象となることは、多くの民俗事例から判明する。

前述の漁労や水軍を生業とする新居郷の敢石部にとっても、湖西連峰の神々が鎮座する山々や森は漁場や海上航行のランドマークとともに崇拝の対象となっていたのであろう。湖西連峰は国境という境界に留まらず、海山を生活の舞台とする人びとにとって重要な信仰対象だったのである。

したがって、湖西連峰の山中に大知波峠廃寺を建立したのは、国境において大己貴命による疫神退散の神力を期待してのことと考えられる。加えて、岩室廃寺の近隣に大己貴命を祭神とする遠江一宮の小国神社があることや、秋葉山も大己貴命を祭神としていることは決して偶然ではあるまい。これらの地は、自然を生活の糧とする私営田領主や一般農民、海山で生業を営む民衆の厚い信仰を受け、広域に信仰圏を形成したのである。その地に国司が檀越となって自ら寺院を建立することは、任国の加護の保証を得る一方で民衆の信仰を収斂する下地を形成することとなり、以後の新たな信仰の展開に繋がっていくのである。

3　大知波峠廃寺の展開

十世紀中頃～十世紀後半のⅡ期になると、国司により建立された仏堂ＢⅠに加えて、仏堂Ａ・仏堂ＣⅠの他に住房Ｅが建立される。さらに、池の整備が行われ磐座の設置を認める。この時期に建立される仏堂は、仏堂ＢⅠとほぼ同じ標高で目視できる範囲に収まり、石垣基壇を共通の外観としている。仏堂以外の住房Ｅや池遺構を仏堂と同じ標高あるいは高位に配置することはないので、方位重視の二次元的な配置だけでなく三次元的な伽藍配置の指向性をもっていて、最上位に仏地、下位に僧地という対の空間配置がうかがえる。

仏堂ＢⅠに後続する仏堂が、高さや石垣基壇を共通の外観とするに及んで、最初に建立された仏堂ＢⅠも仏堂群の一つへと組み込まれていくが、仏堂相互の関連はうかがえない。これら仏堂群は、仏堂内で法会を完結させる中世仏堂構造なので、それぞれが個別に法会を執り行う存在にある。おのおのの須弥壇規模の相違は、それぞれに異なった尊像を祀ったことを示すので、尊像の違いはさらに法会の差異を増幅させることとなった。仏堂は個別的な独立した存在なのである。

その一方で、磐座の設置により神祇信仰に連動した後述の墨書土器に見る仏堂共通の法会の勤修や、「大知波寺」と考えられる寺名墨書土器などから、仏堂群を一体の寺院と見る伽藍認識が醸成されたことがうかがえる。住房Ｅはおのおのの仏堂で行われる恒常的な法会のため、僧尼共有の施設として建立されたのであろう。そして、「中世仏堂」が次々と建立されることによって、年間を通じた数々の法会に俗人や檀越が出仕する契機が増したのである。

十世紀末～十一世紀前半のⅢ期には計七棟の建物が新造されるが、Ⅱ期のさらなる展開と見ることができる（図9参照）。それは、門の設置にみるように一体の伽藍として明確に整備される一方で、仏堂の個別化が伽藍に顕著に現れてくるからである。

まず、新造の仏堂BⅡが、仏堂BⅠの石垣基壇を埋め仏堂BⅠと並んだ同一平面に建立されている。石垣基壇を埋めたとはいえ、この時期に仏堂BⅠ・BⅡの前面には、山形の巨岩と上下段に池を配し、前庭部を石列で囲い、池泉と岩が一体となった荘厳さを演出する外観に変貌させているのである。加えて、上段池には幢竿支柱が確認されているので、二仏堂と前庭部を中心に庭儀法会を行った可能性も考えられる。池周辺の石垣基壇は仏堂A一棟のみとなり、その仏堂Aも二重石垣基壇へと改修を行っているので、これらのいちじるしい外観変貌はⅡ期に見られた仏堂相互の個別化がより進行していることをうかがわせる。そして、Ⅱ期にはなかった同一平面に仏地と僧地が並存する形態が現れてくる。仏堂DⅡと住房DⅠが同一平面に建立され、持仏堂の成立が指摘されるのである。

このような建物群は、具体的にどのように呼称されるのであろうか。それを知るに石川県小松市に所在する浄水寺跡をあげておきたい。この遺跡では墨書土器が一二二二点検出され、その大半は平安時代の大溝から出土している。浄水寺跡の墨書には、吉祥や招福関連の他に寺名の「浄水寺」や「前院・南房・中房・仁房・厨」などの付属諸施設名称の墨書があることから、同じ頃の大知波峠廃寺伽藍にも、「院」「房」「厨」とよばれる施設が存在していた可能性が高い。加えて、九世紀～十五世紀の京都府如意寺では、支尾根によって峻別された複数の堂宇が小谷ごとに形成され、それを「院」と呼称しているので、小尾根によって分けられた仏堂DⅡと住房DⅠの建物群を「院」と考えてよいのかもしれない。

北側の仏堂CⅠも隣接する住房Hが併設されるので、池を中心とした堂宇群から南北の堂宇群がそれぞれ離脱する傾向をよりいっそう顕著とする。池を中心とした堂宇群でさえも、仏堂Aと仏堂BⅠ・BⅡそれぞれに外観を異ならせ個別化が進行しているのである。おそらくは、国司以外の多くの檀越や俗人がそれぞれの仏像や法会に帰依した結果なのであろう。Ⅲ期に新造された仏堂のBⅡやDⅡなどに石垣基壇はなく、いずれも小振りの建物であることが檀越の違いを示唆している。一方において、Ⅱ期に新たに整備された池が、Ⅲ期に改修されるもののⅡ期の基本的構造を保持することから、水に関連する法会が引きつづき行われていて、Ⅱ期と同様に一体の伽藍とする認識も引き継がれているのである。

このようにⅡ期には新たな仏堂が加わるとともに池の整備や磐座が勧請され、Ⅲ期はⅡ期を引き継ぎつつさらに伽藍形成が進行していく。それとともに、新たな供養具の登場や法会が修されるようになる。

六 器の成立

緑釉陶器は、北側の仏堂CⅠの堂宇群や南側の仏堂DⅡの堂宇群においては皆無で、上段池を中心とした仏堂BⅠと仏堂Aに限定されている。仏堂Aでは十世紀後半の緑釉陶器碗一点の破片が出土するにすぎず、緑釉供養具を構成してはいない。つまり、緑釉供養具一式を仏堂BⅠに納めた以降、新たな仏堂の建立が行われても緑釉供養具一式を補充することはなかったのである。

緑釉陶器の供養具が大切に扱われたことは、完形の緑釉鉢の存在が雄弁に物語っている。しかし、その供養具の緑釉鉢が十世紀末に埋納されてしまう。おそらく、灰釉陶器の高坏形が飯食器として十世紀後半には出土するので、それに取って代わられてしまうのであろうが、そのため不用となって埋納されたわけではない。緑釉鉢だけではなく、十世紀後半の緑釉碗二口（図39―1・2）と灰釉長頸壺一口ともども埋納されたのである。この組み合わせは、なんらかの修法に供した後に埋められたものであろう。

高橋照彦の指摘によれば、鎌倉初期の『覚禅鈔』に請雨祈雨の修法の際には諸物を青色にすることが定められており、十一世紀などの修法では青瓷の瓶や鉢も用いていることから、祈雨といった特殊な用途に青瓷が用いられたことがうかがえるという。緑釉鉢は緑釉碗二口・灰釉長頸壺一口とともに埋納されているので、少なくも十世紀後半から埋納される十世紀末まで請雨法に供されていたことになる。したがって、十世紀中頃まで碗・碗蓋・香炉・花瓶・鉢という仏堂ＢＩの供養具一式にあった緑釉鉢が、十世紀後半代には供養具の組成から離脱して、別途の法会の組み合わせを成していたことを示唆する。つまり、十世紀後半代に緑釉供養具一括の意義が薄れ、個別に扱われるようになったのである。

このことは、緑釉陶器の希少性の低下も見逃せないのではあるが、なによりも十世紀前半の供養具の在り方が、十世紀後半代に変化していることを示している。それを端的に示すのが、十世紀後半の東山72号窯式灰釉碗の底部外面に記された「六器五口」である（図35―167）。十世紀後半には供養具「六器」の呼称が成立していることがわかる。

これまで、無蓋形式の碗と托を組み合わせた六

図50　灰釉陶器の供養具　灰釉陶器は二川窯産と宮口窯産が主体である。

組をもって供養具一式としたいわゆる「六器」の上限は平安期とされ、遺品として、那智経塚遺物一括中に金剛界成身会壇具や金剛頂寺の金銅旅壇具、奈良国立博物館蔵の経塚から出土した完具の一面器が著名である。年代の明らかな資料としては、厳島平家納経の裏絵がある。これらから、おおむね十一世紀には六口一具のセットは成立していたとみられる。しかし、その組み合わせを「六器」と呼称した上限が定かでなかった。

十世紀第2四半世紀から中頃の仏堂ＢⅠに納められた緑釉供養具一式は、碗一口・碗蓋一口・花瓶二口・香炉一口・鉢一口という組成である。通例、密教法具の供養具として、金銅製の火舎・花瓶・六器・塗香器・灑水器・飯食器・閼伽桶・燈台があげられる。緑釉供養具と対比すれば、火舎が香炉一口、花瓶が花瓶二口、碗蓋と碗のセット一口は有蓋の塗香器か灑水器となる。東大寺や正倉院の遺品で、鉄鉢を支台に置いた供養具の存在から、鉢一口を飯食器に対比できる。大知波峠廃寺の緑釉供養具で欠いているのは、六器・閼伽桶・燈台ということになる。これらの代用としては、閼伽桶は上段池から出土している曲物、燈台は土師器坏の灯明皿が対応しよう。

しかし、六器に該当する器は、灰釉陶器の深碗と托しかなく、しかも十世紀第2四半世紀での灰釉陶器深碗と托の出土量は多くはない。もとより、緑釉陶器と灰釉陶器が混在して供養具一式を構成することはない。さりとて境内出土の緑釉陶器をかきあつめても六器を揃えることはできない。つまるところ緑釉供養具段階の十世紀中頃以前は六器が成立しておらず、十世紀中頃以降に新たな緑釉供養具一式を誂えることもしていないので、十世紀後半に九世紀以来の緑釉供養具とは別に、新たに灰釉供養具の定式化をもって「六器」が成立するのである。

新たな法会の形成

緑釉供養具から新たな「六器」の灰釉供養具への移行は、単に供養具の移行に留まらない。それは新たな法会の展開をも示しているのである。

それをうかがう資料として、十世紀中頃以降のⅡ期に大量に遺された墨書土器がある。Ⅱ期は墨書土器の大量出現が見られる一方で、上段池や水関連の据置水槽などが設置され、Ⅲ期の十世紀末の改修でも基本的な池の構造は変わることはなかった。その後も十一世紀前半まで墨書土器の出土がつづく。水関連施設を配した上段池から多くの墨書土器が出土することや「阿花」などの文字もあること、法会に使用した実用性の低い弓や剣・太刀形の木製品の出土などから、水に関連した法会を十世紀中頃から十一世紀前半まで定期的に執り行っていたことを想定してよいと思う。

墨書土器は、十世紀第2四半世紀のⅠ期の段階では八点と、出土総数四四五点のわずか一・八%にすぎなかったが、十世紀中頃のⅡ期を境に三二・八%へと一挙に増大している。出土箇所は、水関連施設のある上段池からの出土が五割、上段池周辺を含めれば七割もの高率である。そして、墨書土器の七割が見込み部位に墨書を行っている。先にも述べたが、内面への墨書は一般的なことではなく、大知波峠廃寺の割合は異常である。ただし、内面墨書の率が十世紀代では八割であったものが、十一世紀には六割といくらかの変化が生じているので、法会内容が不変ではなく推移していることがうかがえるのである。

大知波峠廃寺の墨書土器の多くには使用痕があるので、日常使われた灰釉陶器を供したことがわかる。そして、墨痕鮮やかなので墨書後は使用しておらず、その多くが口縁部を欠くことから、墨書後すぐに廃棄されたのであろう。同様に見込み部位に「寺」「万」とヘラ書きされた土器も数点出土しているが、内面墨書と同様の意味とみなせる。墨書は外面に記してこそ意味が生じるので、見込み部位への墨書あるいはヘラ書きは、使用者自身が行なう行為に関係することであるとともに再三の使用は考えられておらず、一過性の使用を想定し作成されたことがうかがえる。

そして、同筆文字が少なく写経に長じた文字もあれば見よう見真似の字もあるので、僧侶以外のさまざまな階層の人びとが書き手であったことを連想させる。上段池周辺には墨書土器以外にも、外部からもち込まれたと思われる灰釉碗・皿が多量に出土しているので、この法会には俗人を含め多種多様な人びとが関与したと考えることができよう。

大知波峠廃寺の墨書土器が遺された十世紀後半

から十一世紀前半にかけて、寺院で行われた法会を知ることができる史料として、九八四（永観二）年に源為憲が記した『三宝絵詞』があげられる。源為憲は九九一年～九九五年に遠江国司として在任した人物でもある。下の僧宝において、朝廷・大寺・民間で行われていた主要な法会三一種を描いている。これらの法会で、民衆が関与し、かつ民俗的宗教伝統を担っている法会として注目されるのは、正月の修正月・御斎会・比叡懺法・布薩、二月の修二月・石塔、三月の高雄法花会である。そして、どの時代にも一貫する諸寺の公事としては、修正会・修二会・潅仏会・文殊会・盂蘭盆会・仏名会がある。

源為憲が描いた十世紀後半の修正会・修二会は次のようであった。

修正月――おほやけは七の道の国々に、法師・尼に布施をたびてつとめいのらしめ、私にはもろもろの寺々に、男女みあかしをかかげてあつめりおこなふ。

修二月――此の月の一日より、もしくは三日・五夜・七夜、山・里の寺々の大いなる行なり。つくり花をいそぎ名香をたき、仏の御前をかざり、人のいたつきをいるること、つねのときの行ひに異なり。

源為憲は『三宝絵詞』において、修正会・修二会を修正月・修二月として法会的な呼称をしていない。伊藤唯真は、当時は山・里の寺々で広く修正会・修二会が行われていながらも、伝統的な仏教法会と同じように意識されておらず、我国成立の法会とみていたからとしている。源為憲があげた法会の教義的根拠は、経典にない偽説で仏教本来のものではなかった。当時の民間教化者によって説かれていた仏説・経説ではあったろうが、それは広く浸透して人びとに信じられていたからこそ記したのである。また他の法会内容の記述が詳しいのに比して、修正会・修二会の内容が粗略であるのは、修正会・修二会を構成する呪術や作法がその時代の信仰・祭祀などの宗教諸要素を取り入れ、多種多様な所作が生み出されていたからなのであろう。

現在も行われている東大寺二月堂修二会が著名なように、修正会・修二会は、仏教法会や民間年中行事では普遍的に行われる規模の大きな法会である。この法会は祖霊祭であるとともに農耕感謝と農耕予祝の豊穣行事であるため、民衆に親しまれ異称俗称が多い。浜名湖の北部には、修正会と修二会にかかわる芸能として「ひよんどり」「おくない」などを伝えている。奥三河では祖霊をあらわす「鬼」が、自らの霊魂の依代としての花や穀霊の依代としての花を里人に分かち与えて祝福する「花祭」がある。

山岸常人によれば、「修正」「修二」の用語の成立は、九七〇（天録元）年天台座主良源の廿六箇条起請の「修正二月行道衆」を初見とし、呼称の先駆としては、九五三（天暦七）年の伊勢国長谷寺資材帳に「二月悔過」と月名を冠して法会を記す例があげられる。なお、『東大寺要録』巻第五、諸会章之余に「講堂修正月」の語があり、割註に寛平年中（八八九～八九八）とあるが、後世の書き入れの可能性が高いという。そして、修正会・修二会の成立を「奈良時代前半以前はなお不明な部分が多いものの、奈良時代後半以降は経典転読とセットになって修されていた悔過法要は、平安時代に入って、転読部分との分離が起こる等除々に変容し、九世紀頃から周辺のさまざまな宗教要素を取り入れ、新らたな法会を形成していったといえよう。九・十世紀の間に衰退し変質した悔過法要に、その時代の信仰・祭祀を複合した形で呼称新たに摂関期に登場した寺院行事が修正会・修二会であったと想定される」としたのである。

さらに山岸は、修正会・修二会には顕密・雑密・陰陽、基層信仰の神祇などの宗教諸要素が見出せるという。たとえば、九・十世紀段階には、経典転読と併修されるのは悔過であって、密教修法は転読等と同時に修されることはあっても、悔過とセットで修されないこと。本来悔過が雑密経典に依拠する法要であったため、真言・天台系の法要においても読経悔過型の法要形式が採用されるも、読経部と悔過部が分離し、悔過法要は平安時代前期の間に徐々に衰微していくこと。経典転読型の法要は、大般若経または金剛般若経の転読が圧倒的に多く、勤修目的が年穀を祈る・災疫を払う・祈雨により行うので、出仕する僧尼は国分寺僧・国講読師などの場合もあったが、一般の僧と異なる修法能力をもつ「錬行者」がとくに選ばれて読誦すること。経典読誦法要は自然現象も含め神祇に密接なかかわりがあり、修正会・修二会で神名帳を読み諸神を勧請することや毘沙門天や鬼の作法のあることから、神祇・陰陽道の祭祀が修正会・修二会成立に際して、なんらかの影響をあたえていたこと。これらのことが修正会・修二会に見出せるのである。

墨書土器の諸相や池周辺遺構の状況が、基本的な修正会・修二会の法会要素とみなすことが可能ならば、十世紀第4四半世紀の『三宝絵詞』以前、十世紀中頃まで修正会・修二会の成立時期をさかのぼらせることができよう。正月の若水信仰に由来し香水加持を行う修正会・修二会では、参拝者は香水をいただき一年の魔を払うので、上段池周辺に遺された先の墨書土器の多くが「寺・万・祐」などの吉祥文字等を内面に書き、加持された香水などをいただき廃棄したと考えてよいのかもしれない。そして、修正会は寺の一施設ではなく堂ごとに行うものなので、大知波峠廃寺の各仏堂から墨書土器が出土していることは、それらの仏堂で修正会・修二会を修したことを示すのであろう。

一方、仏堂BⅠから墨書土器が出土していないのは、緑釉供養具にみられたように九世紀以来の伝統を引き継いでいるのであろうから、新たに成立した修正会・修二会を行っていない可能性が高い。このような例として、「当山余堂ニハ雖有修正、此堂無其勤」の勝尾寺本堂があげられる。修正会が本堂のみ行われておらず、古代的な特質を反映しているという。したがって、Ⅰ期とⅡ期には、法会や供養具などに差異が認められるというわけである。

『三宝絵詞』にみるように、当時、定期・不定期を含め他に彼岸会・潅仏会など数多くの法会があるが、修正会・修二会のごとく顕密・雑密・陰陽、基層信仰の神祇などのさまざまな宗教諸要素が各法会に見出せるわけではない。修正会・修二会の百科繚乱の劇場的とでもいうべき法会は、それまでの法会と一線を画した新たな法会であった。悔過の要素が薄まり、祈願を主体とした祈年の年中行事として広く民衆に支持され盛行した法会なのである。雑密経典に依拠する悔過法会にさまざまな要素が付加されたにしても、一般的に言われる吉祥悔過＝修正会、十一面観音悔過＝修二会という図式は単純に描けないのであるし、十世紀中頃に大きな飛躍を認めざるを得ないのである。

4　大知波峠廃寺型の山林寺院

大知波峠廃寺について細かく見てきたが、ここで十世紀前半から十一世紀後半の大知波峠廃寺の推移をまとめておきたい。

まず、十世紀第2四半世紀に一堂宇にて建立された仏堂BⅠは、国分寺修復瓦を葺いていないことから、既存の地方宗教組織の枠外で建立された山林寺院と見ることができる。国衙が掌握する緑釉陶器生産から緑釉供養具一式を誂えていることや、内陣と礼堂が一体となった「中世仏堂」で最新構造の野小屋を取り入れていることから、それらの納入や建立にあたって国衙が深く関与したことを指摘した。そして、国司自身が檀越となり寺院の建立や法会を行うことにより、それらの導入を可能としたのである。僧尼は、既存の地方宗教組織の枠外で特殊な霊力をもった呪験者の「聖」を用いた。

国司自らが寺院建立や法会を主催するに及んだのは、九世紀中頃以降地方行政の国衙集中が進行し、十世紀前半の国政改革でさらに強化される一方で、郡衙の没落が加速し地域信仰施設の衰退を招いていたからである。それは必然的に任国の神仏を祀る責務が、国司自身に及んでいくものであったから、国司は任国をさまざまな自然災害や疫病などから守り護国豊穣を約さなければならなかった。とはいえ、国司は任国のあらゆる神仏を祀ったのではなく、自然を生活の糧とする私営田領主や一般農民、海山で生業を営む民衆等の厚い信仰を受け、広域に信仰圏を形成している神仏を対象としたのである。

彼らの崇拝する神々の多くは山中に鎮座するので、地域信仰の再生の場を山中に求めたのではあるが、その地は新たに切り開き浄処としたのではなく、奈良時代よりの浄処である山林寺院を拠点に展開した。大知波峠廃寺に見るこの種の山林寺院には、往々に奈良時代の前身堂宇が確認されることが多い。そして、このような神の地に建立した山林寺院では、自然を生活の糧とする民衆等の厚い信仰を支えるべく、年穀を祈る・災疫を払う・祈雨などを勤修目的とする経典転読型の法会を修する機会が多かったであろうから、出仕する僧侶は法会の効力をよりいっそう高めるため、一般の僧と異なった山林修行で特殊な霊力を得た呪験者の「聖」による勤修が盛んに行われたのである。

さて、九世紀前半以降に成立した「中世仏堂」を山中にもち込んだのは、国司が寺院建立の檀越となって自ら主催する法会に出仕することを前提としたことによるが、宮都を生活の基盤とした彼らにとって「中世仏堂」はなんら違和感をともなうものではなかった。「中世仏堂」の山中への導入は、以後の山林寺院の展開を二つの面で大きく規定した。一つは、俗に言う七堂伽藍によらなくても、一棟の仏堂だけで法会を堂内で完結させることができ、山林寺院での年を通じた法会開催を可能としたこと。二つ目に、法会を執り行う僧尼以外の出仕者にも座を分かつ内陣・礼堂という構造にあることから、国司以外にも仏に帰依する檀越や俗人が法会に出仕する機会を促したことである。

十世紀中頃以降のⅡ期に続々と尊像の異なる仏堂が建立されたことによって、大知波峠廃寺はさらにその傾向を強めていく。そして、磐座の在地神の勧請や池をはじめとした水関連施設の整備とともに、それまで平地の寺院や集落などから出土していた吉祥句を記す墨書土器が山中にもち込まれ、池周辺に大量に遺されるようになる。それらは、悔過法会に基層信仰などのさまざまな宗教諸要素が絡み合い祈願の色彩を強めた祈年の年中行事として、新たな法会の修正会・修二会が成立した結果なのである。仏堂相互は個別的な独立した存在であり、それらを在地信仰に根ざした修正会・修二会などの法会が個々の仏堂をオブラートのように包み込み統一体の「大知波寺」を構成している。仏堂の個別化は、一棟の仏堂で法会を完結できることに加え、尊像の異なる仏堂ごとに檀越や俗人が帰依し法会に出仕できる構造に起因する。

十一世紀第1四半世紀の「院」と呼称される持仏堂の成立により、仏堂の個別化は決定的となり、大知波峠廃寺は池を中心とした堂宇群、南北のそれぞれの堂宇群が離脱する傾向が顕著となる。おそらくその先には、後述の普門寺にみる「東谷」「西谷」のように、個別仏堂を中心に参道に沿って建ち並ぶ坊院坊舎丸ごとの組織化が待ち構えているのである。そして、それらは仏堂個別ごとに中央の寺院もしくは王権と関係を取り結び、末寺化の過程をたどっていく。

このように「中世仏堂」の山林寺院への導入は大きな画期となり、それまでの山林寺院とは一線を画した山林寺院の成立と見ることもできないわけではないが、やや皮相的に思える。たしかに山林修行を必須とし清浄性保持を求められる僧尼にとって、結縁を求める俗人の出仕は喧騒多き中世山林寺院の前触れなのかもしれない。

しかし、大知波峠廃寺にみるように、前身の山林寺院を踏襲する場において、国司自らが檀越となり仏堂の建立にかかわる姿は、かつて国神の祟りを鎮める責務を負った在地首長の姿と二重写しとなるであろうし、修正会・修二会の「山の法会」に出仕する「私にはもろもろの寺々に、男女みあかしをかかげてあつめりおこなふ」その姿は、共同体で行われる祭りへ参加する人びとの姿を彷彿とさせるのである。山林寺院を基層信仰との関連で見るならば、地域信仰の体現する場が山林寺院へと収斂し新たな展開を見せても、その背景にはつねに古来よりのカミ信仰のエートス、古い前仏教的精神を抱いた人びとが息づいているのである。

十一世紀後半の大知波峠廃寺は、墨書土器を皆無としながら衰退していくが、このような傾向は大知波峠廃寺だけに現れるのではない。前掲の石川県小松市に所在する山林寺院の浄水寺跡でも、大量の墨書土器が出土し水に関連する法会を行っていたことが認められていて、寺の創建された十世紀前半から十一世紀前半まで、大溝へ墨書土器を投棄する行為がつづき、代わって剣形や木造僧形坐像等へと推移することから、宗教活動内容の質的変化が指摘されている。つまり、古来よりの基層信仰の継承は十一世紀後半に変化しているのである。

浄水寺跡は以後も存続していくが、大知波峠廃寺の場合には基層信仰の継承の比重が大きかったのであろう、仏堂の個別化にさらなる拍車をかけることなく十一世紀末頃に廃絶する。当該期は、国内の多くの山林寺院が廃絶やそれを乗り越えて継続するなど、古代から中世への転換期に重なるのである。

Ⅷ　大知波峠廃寺の廃絶以後

1　修験の成立

十一世紀末頃に大知波峠廃寺は廃絶する。廃絶後の遺構や遺物についてはⅣ章で詳述したが、ここで改めて概要を記しておこう。

十二世紀後半に、埋まりかけた仏堂BⅠ跡地に方三間堂が建立される。建物覆土から十二世紀後半から十三世紀後半の山茶碗が出土している。仏堂BⅠ跡地に隣接する仏堂BⅡ跡地では、十二世紀後半の長頸瓶を埋納しており、北西隅からも埋納したであろう長頸瓶が出土しているので、方三間堂の隣は埋納を行う場となっていた。池を挟んだ仏堂Aでは焼土や集石箇所が数カ所確認され、柴燈護摩など野外で行う修法の場となっていたようである。十三世紀前半から後半の山茶碗や十四世紀後半の瀬戸窯産陶器が出土している。南側の仏堂DⅡ跡地でも柴燈護摩を行っていた痕跡が検出され、十二世紀後半から十三世紀前半の山茶碗が出土している。この他に、上段池跡周辺から十三世紀前半から後半の山茶碗が出土し、厨F跡地や門G跡地から十五世紀後半の常滑窯産甕が出土

図51　十輪寺地蔵菩薩立像

している。仏堂C跡地の大知波峠近くの表土からは、江戸時代の寛永通宝が出土している。

さて、豊川道を愛知県側へと下った旧長彦村には、創建を不明とするが一三七六（永和二）年には開山し、正宗寺末陽徳派に属する臨済宗十輪寺が現存しており、境内の地蔵堂には鎌倉期の特色を示す地蔵菩薩立像が秘仏として安置されている（図51）。慶応年間（一八一五〜一八一八）作の正宗寺『嵩山末山山寺籍本山提出控書』では地蔵尊の伝来について、「三河と遠江の国境の大知羽山（大知波山）という山頂にあったが、兵乱のため地蔵尊が長彦に現れたので安置した。大知羽山の頂上にはいまも礎石が残っている」と記す。大知波峠廃寺に関する唯一の伝承といえる。

おそらくは、十五世紀末頃から今川氏と戸田氏などが相次いで湖西連峰に山城を築城し、山中が戦場になるに及び、山道が交叉する交通の要衝である大知波峠は兵乱に巻き込まれることになったのであろう。このため、大知波峠廃寺の跡地利用も十五世紀後半以後途絶するのと同様に、地蔵菩薩を平地に移したのではあるまいか。伝承は事実なのであろう。地蔵菩薩立像の年代と方三間堂の年代がおおむね一致することからも、方三間堂には廃絶以前の仏像を引きつづき安置していたのではなく、十輪寺の地蔵菩薩立像を新たに安置していた可能性が高いのである。

このように、大知波峠廃寺廃絶後は、方三間の地蔵堂を建立することから、新たな展開がはじまる。十二世紀後半は、建立した地蔵堂を基軸に隣接した平場で埋納、南のD跡地で柴燈護摩の修法を行い、十三世紀後半から十四世紀後半頃まではA跡地で柴燈護摩を行うなどし、十五世紀後半に跡地使用を終えたのである。

出土遺物の中世陶器が、地元の湖西窯産だけでなく浜松市浜北宮口窯産も認められるので、大知波峠廃寺の跡地は近郊の諸寺共通の行場として、新たな展開を迎えたのである。それは、修験者が重視した入峯（峰入り）を実践するため、各所に設けられた行場の一つであるとともに、大峯山や彦山でみる宿泊可能な「宿」「靡」の成立であった。大知波峠廃寺跡地は、修験の地として新たに踏み出したのである。

2　中世山林寺院の形成

十二世紀後半は、文献史料や伝承などから、浜名湖周辺の諸寺の多くが活性化あるいはその存在が明瞭となる時期である。その一つ湖西連峰南端の山中に位置する雲谷普門寺を事例に、大知波峠廃寺廃絶後の山林寺院の一端を概観しておきたい。

現在の普門寺は山麓近くに位置するが、寺の裏山斜面には元々堂跡および元堂跡のほかに、斜面に平場が数多く展開し、所々に池跡・中世墳墓・巨岩・経塚等々を確認している。山頂近くの元々堂跡周辺から、八世紀中頃の須恵器坏片が採取されている。その後、十世紀後半の灰釉陶器が少なからず見出されるので、元々堂を中心に堂宇の展開をみたのであろう。

十二世紀中頃には瓦葺の方三間堂が建立された。中腹に位置する元堂跡も同時期に瓦葺で建立され、その後十二世紀後半代から十五世紀にかけて、渥美窯・常滑窯・瀬戸窯の陶器類、若干の中国陶磁などが継続して採取できる。縁起から、元々堂跡を「西谷観世音為本主」に、元堂跡を「東谷五大尊為本尊」に比定でき、山中で採集された遺物から十二世紀中頃以降に西谷・東谷に分かれて山裾に坊院坊舎が展開する様がうかがえる（図52）。

十二世紀中頃以降の普門寺には、数多くの資料や記録が残されている。大治二年（一一二七）銘文大般若経残欠や、平安時代中後期の阿弥陀如来坐像・釈迦如来坐像・四天王像の六体の安置。普門寺一四世勝意が埋納した久寿三年（一一五六）銘銅製経筒が、一八七七年に裏山の元堂から発見されている。経筒はもう一つ発見されていて、瑞花双鸞鏡一面が出土している。

勝意名は、一九八三年に静岡県袋井市岡崎で出土した梵鐘にもみえる。梵鐘には二二〇文字の銘文が鋳出してあり経緯が記されていた。それによると、三河国渥美郡東紀里岡寺、現在の普門寺のもので、平治元（一一五九）年銘文八月十三日に二条天皇とその中宮高松院姝子が施入し、その意を受けて藤原師光（西光）が事を運んだとある。実際に鋳上がったのは平治二年正月で、この間に求勝・行視・勝意の僧侶が勧進にあたったのである。

これらの記録で注意すべきは、「東谷五大尊為本尊」に比定される元堂跡に関するものが大分を占めていることである。天皇より施入を受ける梵鐘にも東紀里岡寺とするように、東谷の元堂跡が個別に王権と関係を取り結んでいるのである。そ

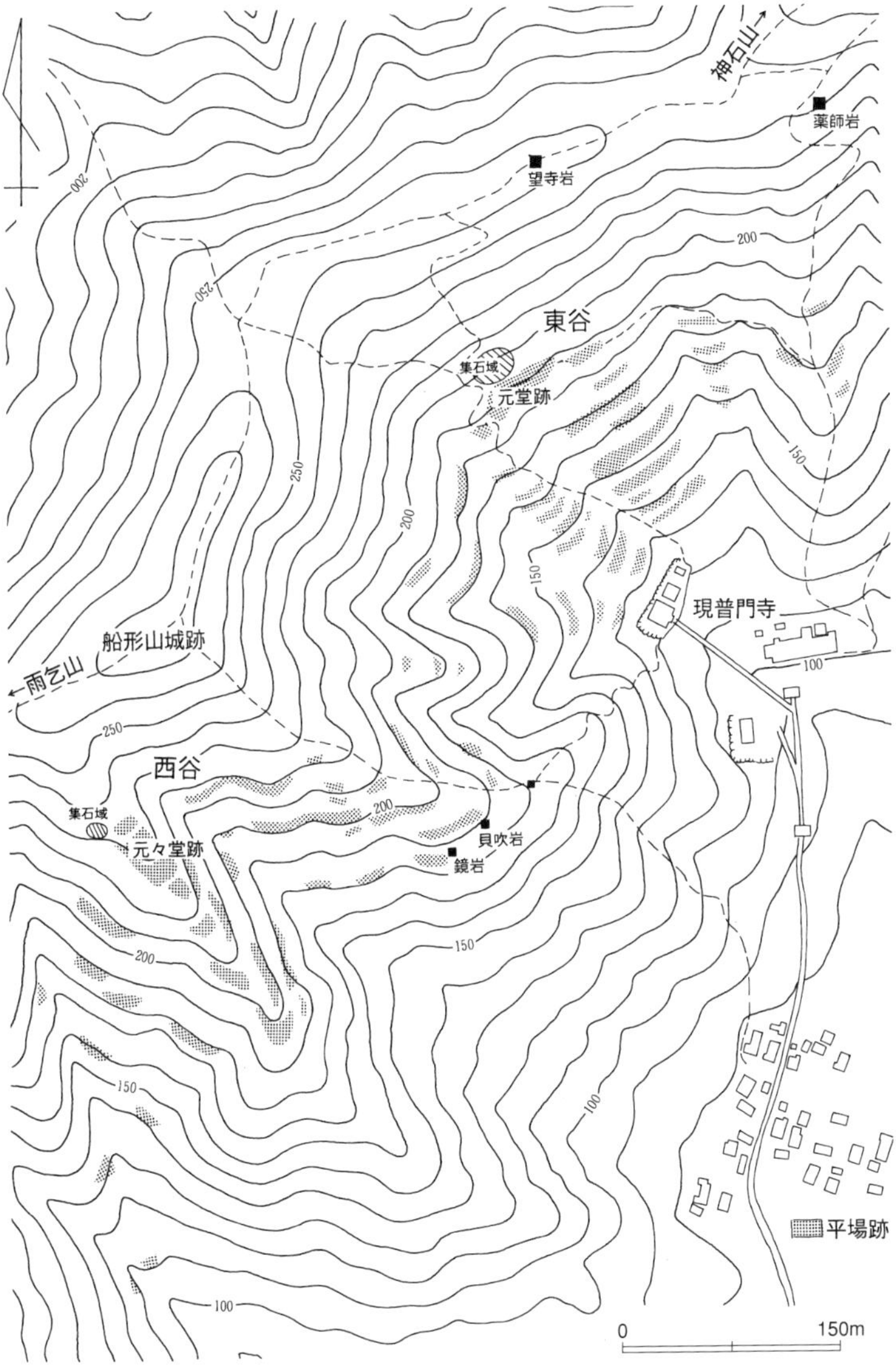

図52　普門寺旧伽藍（北村和宏2002年）

して、元々堂と元堂それぞれ参道を中心に坊院坊舎が建ちならぶことから、西谷・東谷個々に宗徒の組織化が進行していたことがうかがえるのである。十二世紀中頃以後の普門寺は、湖西連峰の南端にある修験道場の寺院として、大知波峠廃寺の跡地利用に見たように、湖西連峰をはじめ連なる山々、山岳を修験の行場として整備しつつ新たな展開を迎えたのである。

このように普門寺では、おそくも十二世紀中頃には仏堂を中心に谷ごとに宗徒が組織化されるが、その萌芽を大知波峠廃寺で仏堂が続々と建立される十世紀中頃に見ることができる。すなわち、大知波峠廃寺に普門寺を継ぐなら、「中世仏堂」の山への導入による仏堂ごとの個別化が顕著となるにしたがって宗徒の組織化が進行し、さらに仏堂を核とした宗徒組織は個別に中央の寺院もしくは王権と関係を取り結び、末寺化の過程をたどるという図式を描くことができるのである。「中世仏堂」の山中への導入を嚆矢として、中世のはじまりと見ることもできよう。

一方、基層信仰の継承の比重が大きかった大知波峠廃寺は、仏堂を核とした宗徒の組織化がさほど進行せず十一世紀末頃に廃絶することから、基層信仰の継承が終焉する十一世紀後半頃をして古代の終りとすることもできる。端的に言ってしまえば、普門寺は中世山林寺院に属し、大知波峠廃寺は古代山林寺院に位置しているのである。

先述のように「中世仏堂」の山中への導入は、山林寺院の展開を二つの面で大きく規定した。七堂伽藍でなくても一棟の仏堂内で法会の完結が可能となったことと、檀越や俗人の山の法会への出仕を促したことである。

これによって、悔過所の山房を母体とした古代山林寺院の系譜は、一仏堂でも継続安定して法会を執り行うことが可能となり、大知波峠廃寺のように仏堂と住坊を単位に複数が寄り集まる伽藍の形成、新たな法会の導入が行われた。平安時代末以降の普門寺の中世山林寺院では、個別仏堂ごとに宗徒が組織化され、参道に沿って坊院坊舎が形成される。各地域の中世山林寺院の多くは、山中高位もしくは丘陵谷奥に本堂を据え、中腹や谷筋の参道に坊院坊舎を点在させる配置が多く、大寺にあっても仏堂と坊院坊舎群を単位に、これら複数が寄り集まって伽藍形成が行われる事例が多い。

平安時代末以降は、古代山林寺院でさして認めなかった埋経、蔵骨器にみる死者の埋納、そして修験が成立し、大知波峠廃寺跡地で見たように戦国の世で、ふたたび大きな転換期を迎えるのである。

大知波峠廃寺見学ガイド

【住　　所】
静岡県湖西市大知波字南山1450、1451番地

【交　　通】
○天龍浜名湖鉄道新所原駅より知波田駅まで約10分。知波田駅より車で10分程、徒歩１時間程でおちばの里親水公園。ここからさらに豊川道を45分程歩くと大知波峠廃寺。
○東名高速道路三ヶ日 IC より浜名湖沿岸を南下し、30分程でおちばの里親水公園。

【問い合せ】
湖西市教育委員会文化財係　電話053－576－1140

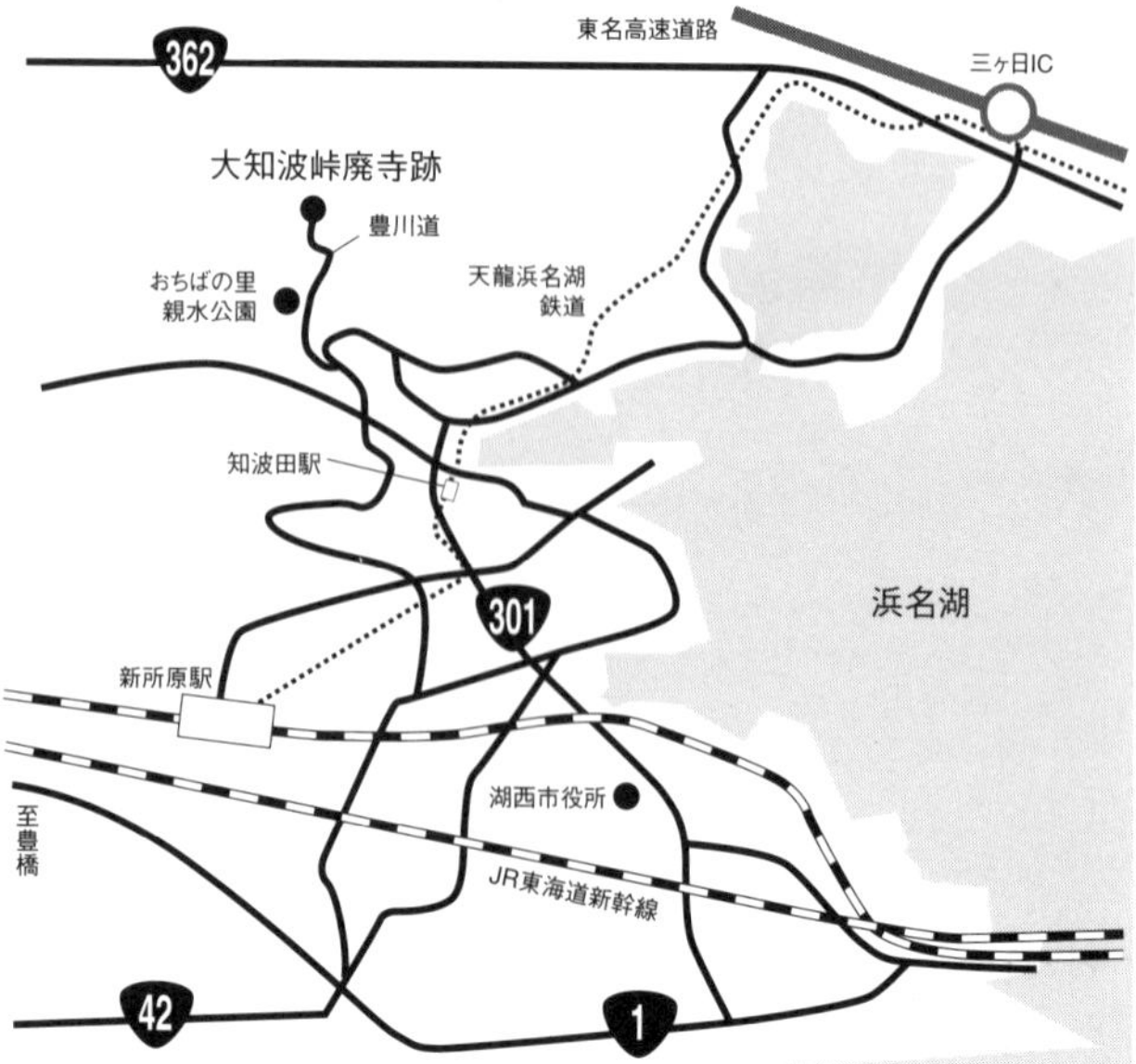

参考・引用文献

愛知県陶磁資料館　一九八八『日本陶磁絵巻』
渥美町　一九九一『渥美町史』上巻
新居町　一九八九・一九八五『新居町史』第一・三巻
荒木敏夫　一九九三「仏教の展開と寺院の造営」『新版古代の日本』七、角川書店
石川純一郎　一九九五「第三章山の伝説と変貌」『静岡県史』別編一、静岡県
石川県埋蔵文化財センター　一九八九『浄水寺墨書資料集』
石田茂作　一九九七「密教法具概説」『佛教考古学論攷』五佛具編、思文閣出版
石母田正　一九七三『日本古代国家論一』岩波書店
伊藤唯真　一九八六「総論　仏教年中行事」『仏教民俗体系』六、名著出版
伊藤唯真　一九八六「四季の仏教行事と民俗信仰」『仏教民俗体系』六、名著出版
伊藤唯真　一九八三「第三章仏教の民間受容」『日本民俗文化体系』四、小学館
伊藤唯真　一九八三「仏教の民間受容」『日本民俗文化体系』四、小学館
糸魚川淳二　一九七五「外帯の古生界」『日本地方地質誌　中部地方』朝倉書店
稲垣晋也　一九六七「静岡県引佐郡三ヶ日町宇志山中発見瓦塔の復元について」『考古学雑誌』第五三巻一号、日本考古学会
井上光貞　一九七八『日本浄土教成立史の研究』山川出版
磐田市　一九九二『磐田市史』史料編一
引佐町　一九九一『引佐町史』上巻
上原真人　一九八六「仏教」『岩波講座日本考古学』四、岩波書店

垣内光次郎　一九八九「浄水寺の変遷」『浄水寺墨書資料集』石川県埋蔵文化財センター
梶川敏夫　一九九一「如意寺跡」『古代文化』四三―六、古代学協会
北村和宏　一九九四「普門寺旧伽藍跡」『普門寺展』豊橋市二川宿本陣資料館
北村和宏　二〇〇二「普門寺旧伽藍跡」『湖西連峰の信仰遺跡分布調査報告書』湖西市教育委員会
久保智康　一九九九「国府をめぐる山林寺院の展開」『国宝と歴史の旅』三、朝日新聞社
湖西市　一九九六『湖西風土記文庫―語り継ぐ―』
湖西市　一九九七『湖西風土記文庫―祈る―』
湖西市　一九八七『湖西市史』資料編七
湖西市教育委員会　一九八二『東笠子第二七地点遺跡発掘調査報告書』
湖西市教育委員会　一九九〇『大知波峠廃寺』
湖西市教育委員会　一九八七『長谷元屋敷遺跡』
湖西市教育委員会　一九九一～一九九五『大知波峠廃寺跡』Ⅱ～Ⅵ
湖西市教育委員会　一九九六『大知波峠廃寺跡シンポジウム事業報告書』
湖西市教育委員会　一九九七『大知波峠廃寺跡確認調査報告書』
湖西市教育委員会　二〇〇二『湖西連峰の信仰遺跡分布調査報告書』
後藤建一　一九八九「湖西古窯跡群の須恵器と窯構造」『静岡県の窯業遺跡』静岡県教育委員会
後藤建一　一九九七「競合の構造」『生産の考古学』同成社
後藤建一　一九九七「東海地方東部の灰釉陶器窯跡」『須恵器集成図録』第六巻、雄山閣出版
後藤建一　一九九七「第三章東海地方東部の灰釉陶器窯跡」『須恵器集成図録第六巻』雄山閣出版
斎藤孝正　一九八九「灰釉陶器生産の一様相」『美濃の古陶』美濃古窯研究会
斎藤孝正　一九九四「東海地方の施釉陶器生産」『古代の土器研究』三、古代の土器研究会

斎藤孝正　一九九五　「東海西部」『須恵器集成図録』第三巻、雄山閣出版
斎藤孝正　一九九八　「中世猿投窯の研究」『名古屋大学文学部研究論集ＣＩ』
斉藤　忠　一九八〇　「各地出土の墨書土器より見た伊場墨書土器」『伊場遺跡遺物編二』浜松市教育委員会
佐藤道子　一九九九　「儀礼にみる日本の仏教」『国宝と歴史の旅』二、朝日新聞社
阪田宗彦　一九八九　『日本の美術二八二　密教法具』至文堂
佐野五十三　一九九〇　「清郷型甕の研究」『静岡県埋蔵文化財調査研究所研究紀要Ⅲ』
静岡県　一九八九　『静岡県史』資料編四古代
静岡県　一九九二　『静岡県史』資料編六
静岡県　一九九四　『静岡県史』通史編一
静岡県　一九九五　『静岡県史』別編一
静岡県教育委員会　一九八一　『静岡県の中世城館跡』
静岡県教育委員会　一九八九　『静岡県の窯業遺跡』
静岡県教育委員会　一九九五　『姫街道』
柴田　稔　一九九五　「岩室廃寺の語るもの」『豊岡村史』通史編、豊岡村
城ヶ谷和弘　一九九七　「東海地方における古代の土器生産と流通」『古代の土師器生産と焼成遺構』窯跡研究会編
鈴木源一郎　一九九三　「三河・遠江両国における〈大神神社〉信仰の源流と交流についての一考察」『愛知大学綜合郷土研究所紀要』第三八号、愛知大学
園田香融　一九八一　「古代仏教における山林修行とその意義」『平安仏教の研究』法蔵館
高橋照彦　一九九四　「近江産緑釉陶器をめぐる諸問題」『国立歴史民俗博物館研究報告』第五七集
高橋照彦　一九九五　「平安期緑釉陶器生産の展開と終焉」『国立歴史民俗博物館研究報告』第六〇集
高橋佑吉　一九七八　『浜名史論』浜名史論刊行会

田中　琢　一九八四「型式学の諸問題」『日本考古学を学ぶ』①、有斐閣
田村圓澄　一九八二「仏教の伝来」『日本佛教史』一、法蔵館
田村圓澄　一九八三「奈良仏教と古代国家」『日本佛教史』二、法蔵館
田原町教育委員会　一九七一『渥美半島における古代・中世の窯業遺跡』
逵　日出典　一九九一「第一章比蘇山寺の成立」『奈良朝山岳寺院の研究』名著出版
東郷公司　一九九七「大知波峠廃寺と石巻修験霊場」『湖西の文化』第二五号、湖西市教育委員会
時枝　務　一九九七「修験道の考古学」『季刊考古学―宗教を考古学する』第五九号、雄山閣
豊川市教育委員会　二〇〇一『三河国府展』
豊橋市　一九七三・一九七四『豊橋市史』第一・五巻
豊橋市　一九九六『とよはしの歴史』
豊橋市教育委員会　一九九〇『改訂版豊橋の史跡と文化財』
豊橋市教育委員会　一九九六・一九九七『市道遺跡』Ⅰ・Ⅱ
豊橋仏教会　一九五九『豊橋寺院誌』
豊橋市美術博物館　二〇〇〇『海道をゆく―渥美半島の考古学』
中野晴久　一九九四「生産地における編年について」『中世常滑焼をおって』日本福祉大学知多半島総合研究所
長野　覺　一九八二「日本の山岳交通路と修験道の入峯について」『駒沢大学文学部研究紀要』第四〇号
長野　覺　一九八六「日本の山岳交通としての修験道の峰入り道に関する研究」『駒澤地理』第二二号、駒沢大学文
　学部地理学教室
楢崎彰一　一九六七「彩釉陶器製作技法の伝播」『名古屋大学文学部研究論集史学一五』
西宮秀紀　一九九二「神々の祭祀と政治」『新版古代の日本』五、角川書店
贄　元洋　一九九六「二川窯における緑釉陶器生産の展開」『三河考古』第九号、三河考古刊行会

沼津市教育委員会　一九九三　『静岡県漁場図解説書・静岡県沿岸漁場図』沼津市史叢書一
早川孝太郎　一九六六　『花祭』岩崎美術社
速水　侑　一九八六　「蕃神と国神」『日本仏教史―古代』吉川弘文館
速水　侑　一九八六　「民間菩薩の活動」『日本仏教史―古代』吉川弘文館
彦坂良平　一九六三　「古代街道に関する一考察」『湖西の文化』第二号湖西文化研究協議会
彦坂良平　一九七六　「〈吉美〉私考」『湖西の文化』第一八号、湖西文化研究協議会
平川　南　一九九一　「墨書土器とその字形」『国立歴史民俗博物館研究報告第三五集』
平野吾郎　一九九二　「瓦塔」『静岡県史』資料編三、静岡県
平野吾郎　一九九八　「平安時代中期における国分寺の修復」『静岡の考古学』静岡の考古学編集委員会
袋井市　一九八六　『目でみる袋井市』
藤澤良祐　一九九四　「山茶碗研究の現状と課題」『研究紀要第三号』三重県埋蔵文化財センター
藤澤良祐　一九九一　「瀬戸古窯址群Ⅱ―古瀬戸後期様式の編年」『研究紀要Ⅹ』瀬戸市歴史民俗資料館
不破英紀　一九九六　「平安時代前期における国司と地方仏教」『古代王権と交流』四、名著出版
房総歴史考古学研究会　一九九一　『房総における奈良・平安時代の出土文字資料』
堀　一郎　一九九三　『聖と俗の葛藤』平凡社ライブラリー
松井一明　二〇〇二　「遠江の古代山岳（山林）寺院」『東海の路』東海の路刊行会
牧野春蔵　一九八五　『史と花の里―本興寺の歴史―』本興寺
三ヶ日町　一九七六　『三ケ日町史』上巻
三橋　正　一九九八　「古代から中世への神祇信仰の展開」『院政期の仏教』吉川弘文館
三宅敏之　一九五八　「普門寺経塚について」『考古学雑誌』第四四巻二号、日本考古学会
山内伸浩　一九九四　「第六章結語」『白土原一四号窯発掘調査報告書』多治見市教育委員会

山岸常人　一九九〇　『中世寺院社会と仏堂』塙書房
山岸常人　一九九一　「発掘寺院の建築」『季刊考古学─古代仏教の考古学』第三四号、雄山閣
山岸常人　一九九七　「大知波峠廃寺の礎石建物の構造と性格」『大知波峠廃寺跡確認調査報告書』湖西市教育委員会
山中敏史　一九九四　『古代地方官衙遺跡の研究』塙書房
山本義孝　二〇〇二　「湖西連峰における山岳信仰とその変遷」『湖西連峰の信仰遺跡分布調査報告書』湖西市教育委員会
雄山閣　一九九一　『季刊考古学─山の考古学』第六三号
義江彰夫　一九九六　『神仏習合』岩波新書、岩波書店

あとがき――大知波峠廃寺の現在

大知波峠廃寺跡は、平成元年度から平成八年度に確認発掘調査を行い、その後平成十一年度に用地測量、平成十二年度に林野庁から当該地の国有地を買い上げ、国史跡指定の申請を行った。そして、平成十三年一月二九日付けで国の史跡に指定されたのである。平成十五・十六年度には、大知波峠廃寺や湖西連峰への入口となるおちばの里親水公園が農村振興総合整備事業でふもとに整備された。平成六年度以降から市民団体と湖西市教育委員会との共催で「おちばの里とうげまつり」が行われ、毎年十一月第一日曜日に定例化した行事となって今日に引き継がれている。まつりは、ふもとから大知波峠廃寺まで豊川道を往復し、現地でさまざまなイベントが行われる。大知波峠廃寺からの眺めは素晴らしく、遠州や三河が一望される。

さて、大知波峠廃寺のような山中の遺跡調査は、これまで断片的あるいは偶発的に行われてきたにすぎず、その保護保存ともなると山城がその代表とされ、地域信仰に深く関わる山間の寺跡などの信仰遺跡は等閑に付されてきた観がある。それは、この種の研究蓄積が著名な寺院や特別な名山にかたより、普遍的に存在した地域の寺院遺跡や里山の信仰世界とつながってこなかったからである。考古学においても、仏教遺跡や信仰遺跡の調査研究には長年の蓄積があるものの、発掘調査が増大するにしたがいこれまでの研究蓄積では把握が困難な遺跡も検出されてきた。本書の大知波峠廃寺を例にとれば、瓦の出土しない寺院遺跡が相次いで発見されてきたのである。寺院遺跡に瓦がともなうという前提はもはや通用しなくなり、遺構・遺物の存在形態に規定されるようになった。今日、寺院遺跡を認定する方法は確立途上にあるといってよい。

地域信仰に関わる山間の寺を呼称する用語に「山岳寺院」がある。この用語は、山に分け入り平地と隔絶した孤高の寺という立地によせて呼称される一方で、平地の国家仏教を体現する国分寺の対極にある寺院、すなわち古来より民間で信仰されてきた山間地の信仰に密教が結びつき、比叡山や高野山に代表される山寺のように、平安時代以降に隆盛する寺院とされた。立地や展開時期の相違にもとづいて、平地寺院と山岳寺院という二項対置による用語設定が行われてきたのである。

しかしながら、発掘調査の山間部への拡大とともに、平地と隔絶した山中以外に山腹・山裾あるいは里と至近の距離、そして年代も奈良から平安時代を通じて存続するなど、立地や年代に多様性をもつ寺院遺跡が相次いで発見されてきたことから、平地寺院＝奈良時代と山岳寺院＝平安時代という図式が、曖昧となり揺らぎはじめたのである。その過程で「山林寺院」が登場してきたのではあるが、平地寺院と山岳寺院の両者を埋め継ぐという理解は妥当ではない。山林寺院を見据えることは、古代から中世にかけての寺院遺跡の在り方を通じ、地域史の見直しを迫りまた統合するという問題意識そのものの現れなのである。本書がその端緒となれば、これに過ぎる幸せはない。

最後に、本書掲載の写真等の資料については、静岡県湖西市教育委員会からご提供いただいた。大知波峠廃寺の調査研究にあっては大知波峠廃寺跡調査委員会の斎藤忠氏・吉岡康暢氏・坂詰秀一氏・上原真人氏・山岸常人氏をはじめ、水野正好氏・須田勉氏・時枝務氏・山本義孝氏など数々の諸氏からご教授を頂いた。そして、発掘調査時には、天竜森林管理署から多大な配慮を頂いた。本書では引用註を設けず、最後にまとめて示したが、本文中の敬称を略させていただいたこととあわせ、記して感謝申し上げたい。

【追記】

去る平成十八年九月十九日、恩師である駒澤大学名誉教授倉田芳郎先生の告別式が営まれた。先生のもとで考古学学徒としての手ほどきを受け、今日まで細々ではあったが続けられてきた。本書を先生のご霊前に捧げ、感謝とともに哀悼の意を表したいと思う。合掌。

脱稿後、磯部武男氏の「密教法具〈六器〉をめぐる問題」（『考古学の諸相Ⅱ』二〇〇六、坂詰秀一先生古希杵論文集編集委員会）に接した。「六器五口」の墨書について、運筆から「六」が「玉」の可能性があるという。氏が指摘するように「六器」用語の成立には再考の余地があり慎重に吟味する必要があろうが、供養具組成としての六器のあり方は、大筋十世紀後半には成立していたと私は考えている。

菊池徹夫
坂井秀弥　企画・監修「日本の遺跡」

22　大知波峠廃寺跡《おおちばとうげはいじあと》

■著者略歴■

後藤建一（ごとう・けんいち）

1957年、静岡県生まれ
駒澤大学文学部歴史学科卒
現在、静岡県湖西市教育委員会生涯学習課課長代理
主要著書等
『須恵器集成図録—東日本編Ⅰ—』（共著）雄山閣、1995年
「古墳出土須恵器にみる地域流通の解体と一元化」『日本考古学』第9号、日本考古学協会、2000年
「山林寺院」『静岡県の古代寺院・官衙遺跡』静岡県教育委員会、2003年ほか

2007年6月1日発行

著　者　後藤　建一
発行者　山脇　洋亮
印刷者　亜細亜印刷㈱

発行所　東京都千代田区飯田橋4-4-8　東京中央ビル内　（株）同成社
TEL 03-3239-1467　振替 00140-0-20618

ISBN978-4-88621-392-1 C3321

シリーズ

日本の遺跡

菊池徹夫・坂井秀弥　企画・監修

四六判・定価各一八九〇円

【既刊】

①西都原古墳群　南九州屈指の大古墳群　北郷泰道
②吉野ヶ里遺跡　復元された弥生大集落　七田忠昭
③虎塚古墳　関東の彩色壁画古墳　鴨志田篤二
④六郷山と田染荘遺跡　九州国東の寺院と荘園遺跡　櫻井成昭
⑤瀬戸窯跡群　歴史を刻む日本の代表的窯跡群　藤澤良祐
⑥宇治遺跡群　藤原氏が残した平安王朝遺跡　杉本　宏
⑦今城塚と三島古墳群　摂津・淀川北岸の真の継体陵　森田克行
⑧加茂遺跡　大型建物をもつ畿内の弥生大集落　岡野慶隆
⑨伊勢斎宮跡　今に蘇る斎王の宮殿　泉　雄二
⑩白河郡衙遺跡群　古代東国行政の一大中心地　鈴木　功
⑪山陽道駅家跡　西日本を支えた古代の道と駅　岸本道昭
⑫秋田城跡　最北の古代城柵　伊藤武士
⑬常呂遺跡群　先史オホーツク沿岸の大遺跡群　武田　修
⑭両宮山古墳　二重濠をもつ吉備の首長墓　宇垣匡雅
⑮奥山荘城館遺跡　中世越後の荘園と館群　水澤幸一
⑯妻木晩田遺跡　甦る山陰弥生集落の大景観　高田健一
⑰宮畑遺跡　南東北の縄文大集落　斎藤義弘
⑱王塚・千坊山遺跡群　富山平野の弥生墳丘墓と古墳群　大野英子
⑲根城跡　陸奥の戦国大名南部氏の本拠地　佐々木浩一
⑳日根荘遺跡　和泉に残る中世荘園の景観　鈴木陽一
㉑昼飯大塚古墳　美濃最大の前方後円墳　中井正幸
㉒大知波峠廃寺跡　三河・遠江の古代山林寺院　後藤建一